トリックアート図鑑《ずかん》

錯《さっ》覚《かく》！

ペーパークラフト

作・杉原厚吉

JN002035

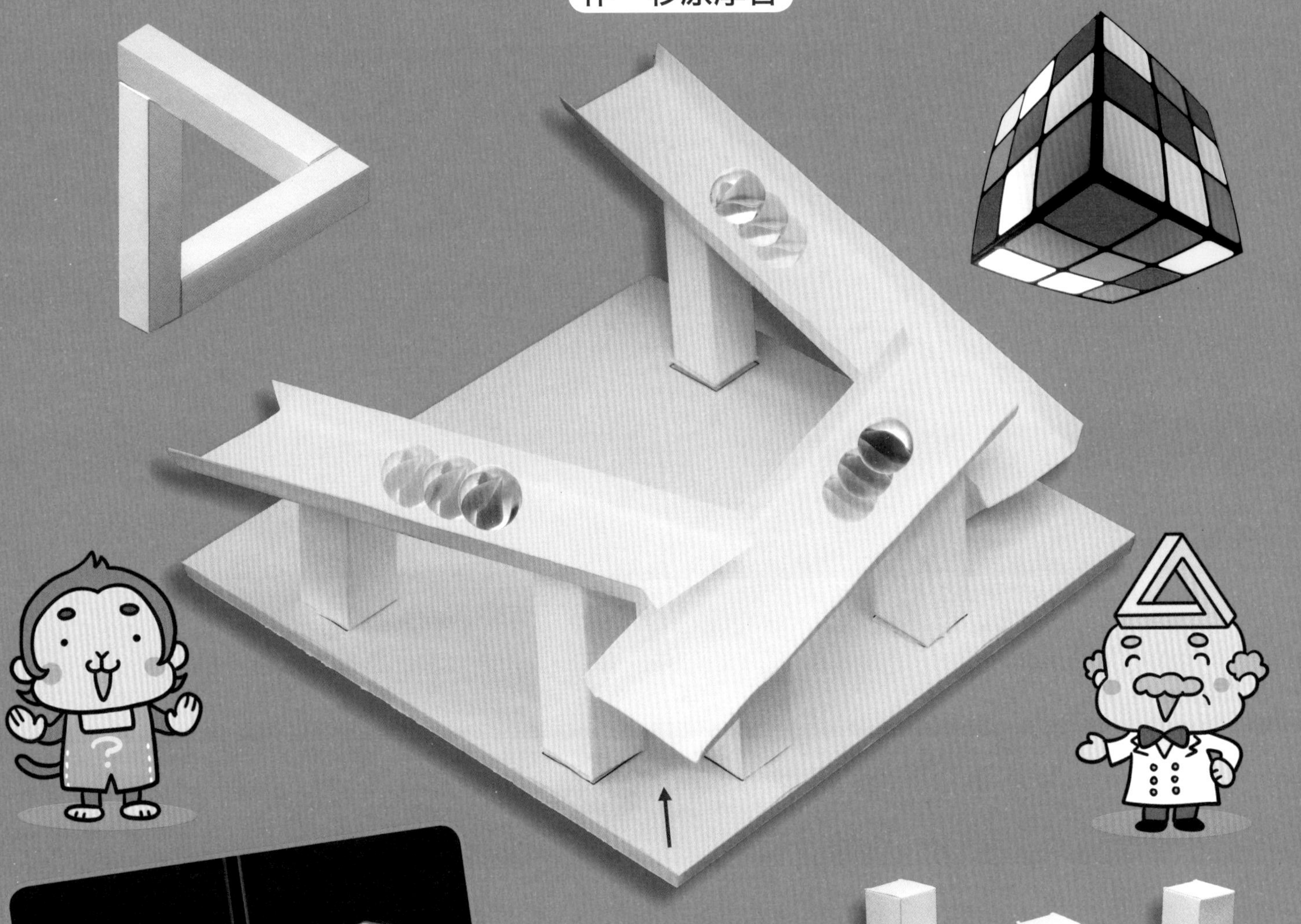

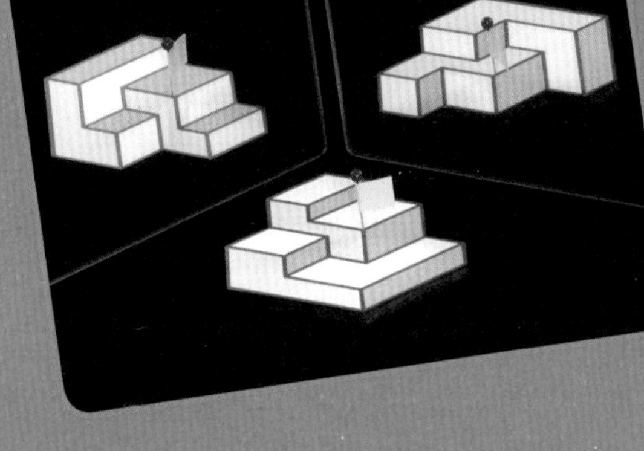

あかね書房

はじめに

　わたしたちはいつも目《め》を使《つか》って生活《せいかつ》していますから、見《み》たらものの形《かたち》はわかるはずと思《おも》いがちです。でも、実際《じっさい》とはちがうように見《み》えてしまう錯覚《さっかく》がおきますから、見《み》たからといって安心《あんしん》はできません。この本《ほん》では、立体《りったい》の奥行《おくゆ》きに関《かん》する錯覚《さっかく》を取《と》り上《あ》げます。前半《ぜんはん》では錯覚《さっかく》について学《まな》び、後半《こうはん》では立体《りったい》を作《つく》って錯覚《さっかく》を体験《たいけん》できます。これによって、錯覚《さっかく》のふしぎさ・おもしろさを楽《たの》しんでいただけると思《おも》います。

　でも、せっかくですから、ただ「ふしぎー！　おもしろーい！」で終《お》わらせないで、目《め》で見《み》て形《かたち》を理解《りかい》するとはどういうことなのかを考《かんが》えなおすきっかけにしてみてはいかがでしょうか。2つの目《め》で立体《りったい》を直接《ちょくせつ》見《み》ることと、レンズという1つの目《め》を通《とお》してカメラで撮影《さつえい》することは大《おお》きくことなります。目《め》にうつったすがたから奥行《おくゆ》きを読《よ》み取《と》るために脳《のう》はけんめいに努力《どりょく》しています。こうしたことがわかってくると、自分《じぶん》の脳《のう》ががんばっているすがたに感動《かんどう》できるかもしれません。

杉原厚吉《すぎはらこうきち》

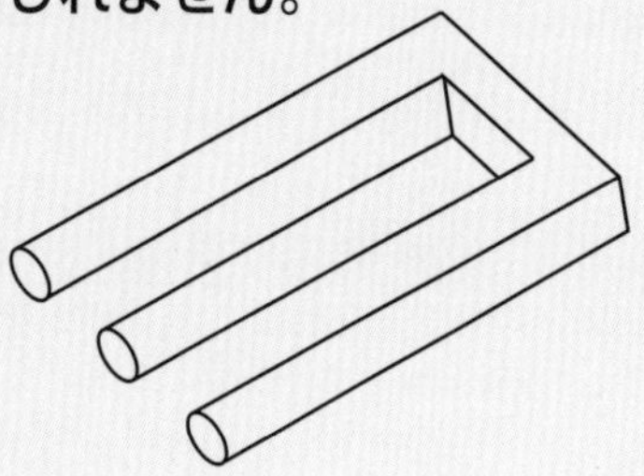

もくじ

この本《ほん》の使《つか》い方《かた》 …… 3

錯覚立体《さっかくりったい》1：不可能図形《ふかのうずけい》のだまし絵《え》 …… 4

錯覚立体《さっかくりったい》2：だまし絵立体《えりったい》 …… 6

錯覚立体《さっかくりったい》3：不可能《ふかのう》モーション立体《りったい》 …… 8

錯覚立体《さっかくりったい》4：変身立体《へんしんりったい》 …… 10

びっくり錯覚《さっかく》トリック …… 12

①ペンローズの三角形《さんかくけい》 …… 19

②角柱《かくちゅう》のニアミス …… 21

③変身立体《へんしんりったい》 …… 25

④変《へん》な柵《さく》 …… 27

⑤反重力《はんじゅうりょく》コの字型《じがた》すべり台《だい》 …… 33

⑥３方向変身立体《ほうこうへんしんりったい》 …… 37 49

⑦逆遠近《ぎゃくえんきん》キューブ …… 37

作《つく》り方《かた》と楽《たの》しみ方《かた》の基本《きほん》 …… 39

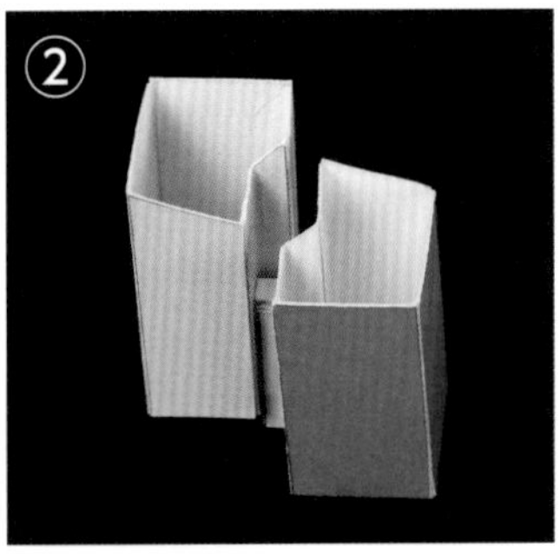

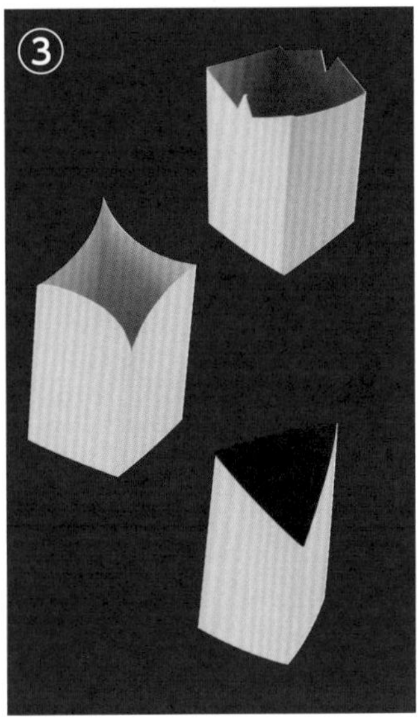

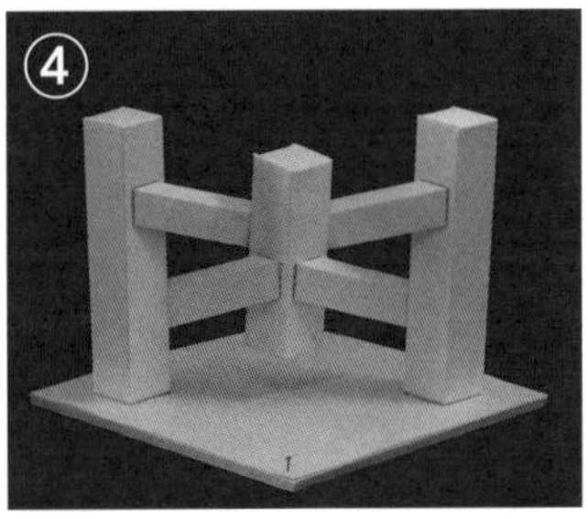

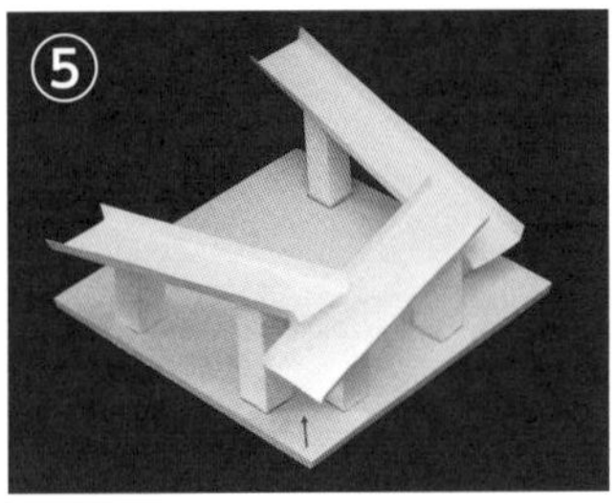

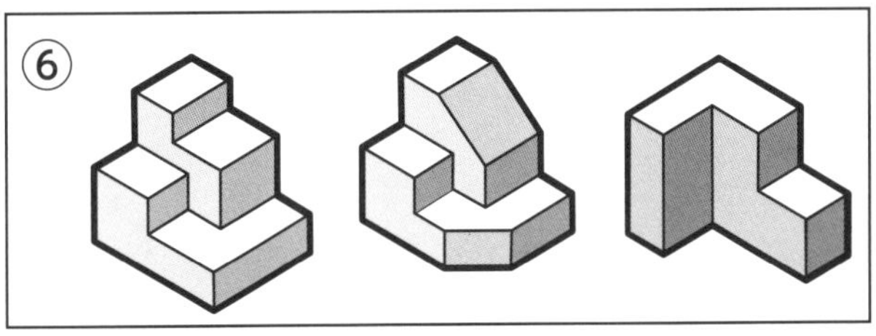

この本《ほん》の使《つか》い方《かた》

この本《ほん》は、読《よ》んで楽《たの》しむ情報《じょうほう》ページと、作《つく》って楽《たの》しめるペーパークラフトのページがあります。

●情報《じょうほう》ページ

テーマごとに、写真《しゃしん》やイラストを使《つか》ってわかりやすく解説《かいせつ》しています。

●型紙《かたがみ》と作《つく》り方《かた》ページ

ペーパークラフトの部品《ぶひん》と作《つく》り方《かた》です。作《つく》りたい作品《さくひん》のページを、ミシン目《め》で切《き》りはなして使《つか》いましょう。

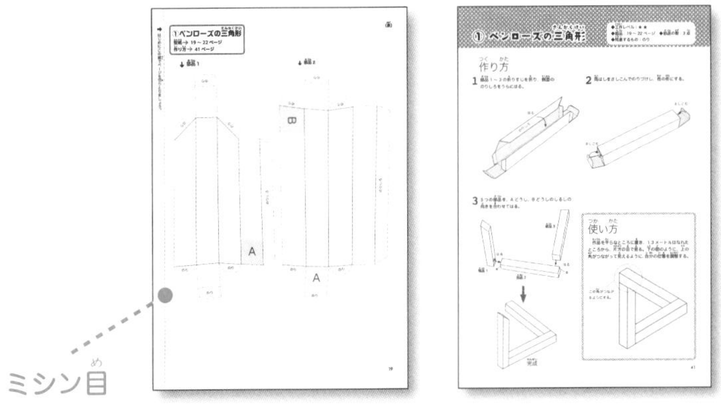

錯覚立体《さっかくりったい》1

不可能図形《ふかのうずけい》のだまし絵《え》

絵《え》にはかけるのに、実際《じっさい》にはありえない図形《ずけい》があるよ。
どんなものなのかな？

クイズ！
正《ただ》しくない立体《りったい》はどっち？

A

B

答《こた》えは A

　AとBはどちらも三角形《さんかくけい》の立体《りったい》をあらわした絵《え》です。Bは立体《りったい》として作《つく》れますが、Aは3本《ぼん》の辺《へん》のつながりがありえない形《かたち》をしています。ためしに辺《へん》を1つずつ順番《じゅんばん》に手《て》でかくしてみましょう。かくす場《ば》所《しょ》によって、三角形《さんかくけい》の向《む》きが変《か》わって見《み》えますね。3つの角《かど》はそれぞれ正《ただ》しくつながっていますが、全体《ぜんたい》を見《み》るとねじれたようになっているのです。
　この図形《ずけい》は「ペンローズの三角形《さんかくけい》」とよばれる有《ゆう》名《めい》な不可能図形《ふかのうずけい》です。

「不可能図形《ふかのうずけい》」ってなに？

見《み》ると立体《りったい》がえがかれていると感《かん》じるのに、そんな立体《りったい》はありえないとも感《かん》じる絵《え》があります。そのような絵《え》は**「不可能図形《ふかのうずけい》」**とよばれます。そして、その不可能図形《ふかのうずけい》を見《み》たときわたしたちが頭《あたま》の中《なか》に思《おも》いうかべる立体《りったい》は**「不可能立体《ふかのうりったい》」**とよばれます。不可能立体《ふかのうりったい》は、頭《あたま》の中《なか》で想像《そうぞう》できるだけの架空《かくう》の立体《りったい》です。作《つく》れないのに奥行《おくゆ》きのある立体《りったい》を感《かん》じてしまいますから、私《わたし》たちの脳《のう》は絵《え》にだまされていると言《い》えるでしょう。ですから、不可能《ふかのう》図形《ずけい》は**「だまし絵《え》」**ともよばれるのです。

どうして立体《りったい》として作《つく》れないかの理由《りゆう》は、図形《ずけい》ごとにことなります。

たとえば、右《みぎ》の絵《え》を見《み》てみましょう。これは**「無限《むげん》階段《かいだん》」**とよばれる

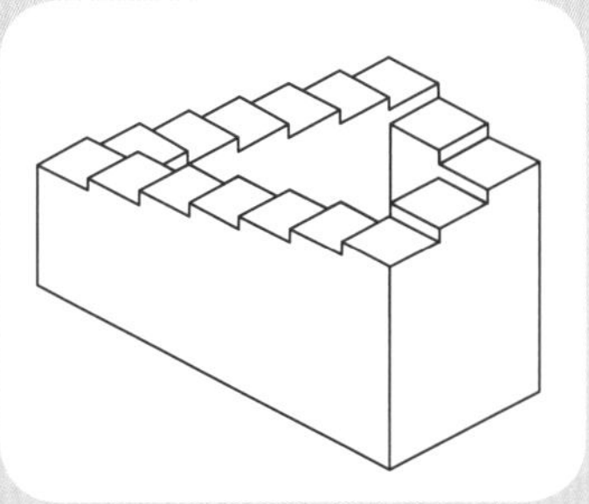

不可能図形《ふかのうずけい》です。階段《かいだん》を上《あ》がる方向《ほうこう》にたどっているはずなのに、いつの間《ま》にかスタート地点《ちてん》にもどってしまいます。

このように、ほとんどの不可能図形《ふかのうずけい》は、少《すこ》し考《かんが》えないと不可能《ふかのう》な理由《りゆう》はわかりません。図形《ずけい》をよく観察《かんさつ》して、不可能《ふかのう》な理由《りゆう》を自分《じぶん》で見《み》つけるのも楽《たの》しいかもしれません。

ふしぎなのは、不可能《ふかのう》な理由《りゆう》を見《み》つけて、そんな立体《りったい》はありえないと納得《なっとく》できた後《あと》でも、その絵《え》が立体《りったい》を表《あらわ》しているという印象《いんしょう》が消《き》えないことです。私《わたし》たちの脳《のう》は、絵《え》から勝手《かって》に立体《りったい》を思《おも》いうかべてしまいます。絵《え》から奥行《おくゆ》きを読《よ》み取《と》るはたらきと、その奥行《おくゆ》きが正《ただ》しいかどうかを判断《はんだん》するはたらきは、脳《のう》の中《なか》では別《べつ》の場所《ばしょ》で行《おこな》われているのです。

このように実際《じっさい》とはちがうものが見《み》えてしまう現象《げんしょう》は、**「目《め》の錯覚《さっかく》」**とよばれています。

いろいろな不可能図形《ふかのうずけい》

ペンローズの三角形《さんかくけい》のほかにも、
いろいろな不可能図形《ふかのうずけい》があるよ。

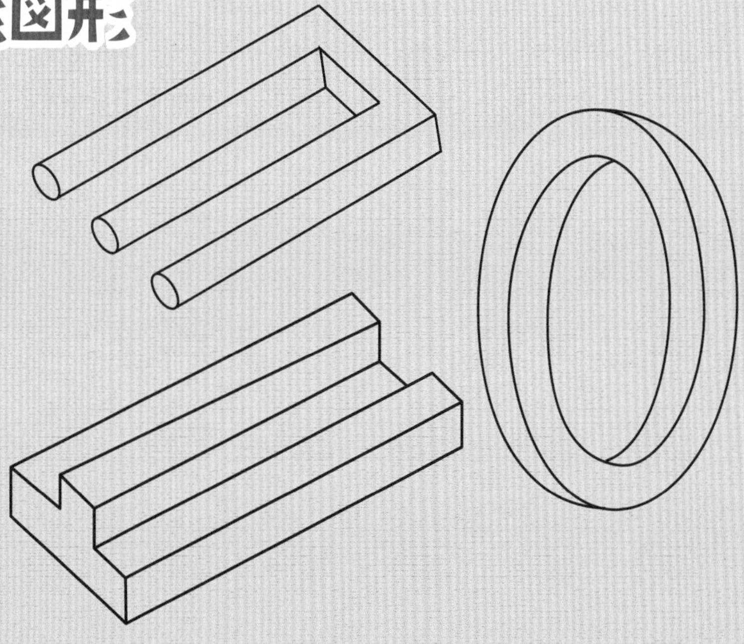

だまし絵立体《えりったい》

実際《じっさい》にはありえないはずの不可能立体《ふかのうりったい》ができちゃった！

どんなトリックがあるのかな？

これがだまし絵立体《えりったい》だ!!

作《つく》ってみよう！
→ 19ページ

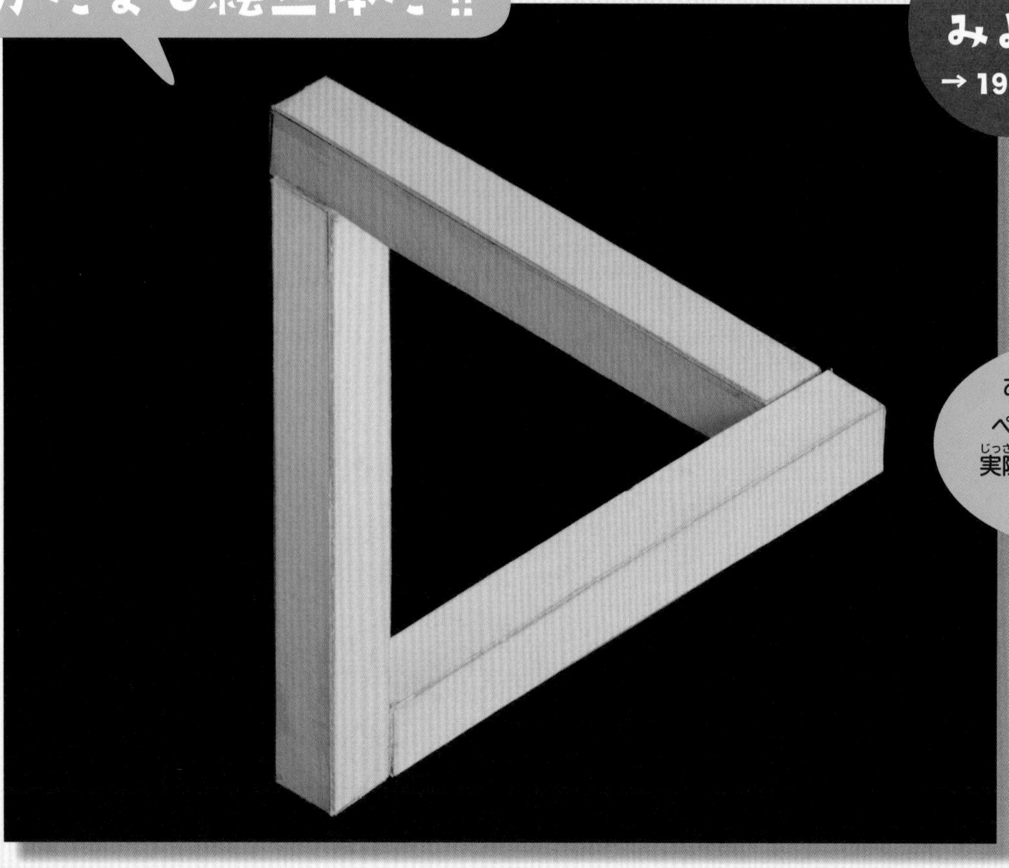

じつはこんな形《かたち》！

上《うえ》の立体《りったい》を別《べつ》の角度《かくど》から見《み》ると、右《みぎ》の写真《しゃしん》のようになります。

つながっているように見《み》えた上《うえ》の角《かど》は、じつはつながっていないのですが、ある方向《ほうこう》から見《み》たときだけ、つながって見《み》えるように作《つく》られているのです。

この本《ほん》についている型紙《かたがみ》で作《つく》って、実際《じっさい》に体験《たいけん》してみましょう。

トリック！

どうして不可能立体《ふかのうりったい》が作《つく》れるの？

わたしたちが住《す》んでいるのは、**奥行《おくゆ》き**のある３次元《じげん》の世界《せかい》です。しかし、それをえがいた絵《え》は２次元《じげん》の広《ひろ》がりしかもたず、奥行《おくゆ》きの情報《じょうほう》はうしなわれています。奥行《おくゆ》きのない絵《え》を見《み》て奥行《おくゆ》きを感《かん》じるのは、わたしたちの脳《のう》が勝手《かって》に奥行《おくゆ》きを想像《そうぞう》しているからにすぎません。想像《そうぞう》ですから、いつも正《ただ》しいとは限《かぎ》りません。まちがった奥行《おくゆ》きを思《おも》いうかべてしまうこともあります。それが、目《め》の錯覚《さっかく》です。

同《おな》じように、立体《りったい》でも、奥行《おくゆ》きをかんちがいさせることで不可能立体《ふかのうりったい》を作《つく》ることができます。ある方向《ほうこう》から見《み》たとき、本当《ほんとう》のすがたとは別《べつ》の立体《りったい》だと錯覚《さっかく》させるのです。

ここに紹介《しょうかい》しているのは、計算《けいさん》の力《ちから》を使《つか》って見《み》つけた立体《りったい》です。不可能図形《ふかのうずけい》というだまし絵《え》から作《つく》った立体《りったい》なので、**「だまし絵立体《えりったい》」**とよんでいます。

下《した》に紹介《しょうかい》しているように、１つのだまし絵《え》でも、同《おな》じように見《み》える立体《りったい》を計算《けいさん》でさがすと、その可能性《かのうせい》はいくつも見《み》つかります。一方《いっぽう》、わたしたちの脳《のう》は、それらの立体《りったい》のどれを見《み》ても、そのだまし絵《え》を思《おも》いうかべてしまいます。こうして、作《つく》れないはずのものが目《め》の前《まえ》にあるという錯覚《さっかく》がおきるのです。

「ペンローズの四角形《しかくけい》」

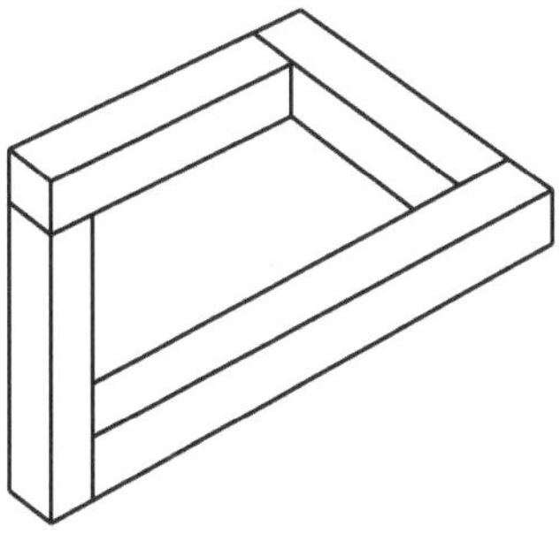

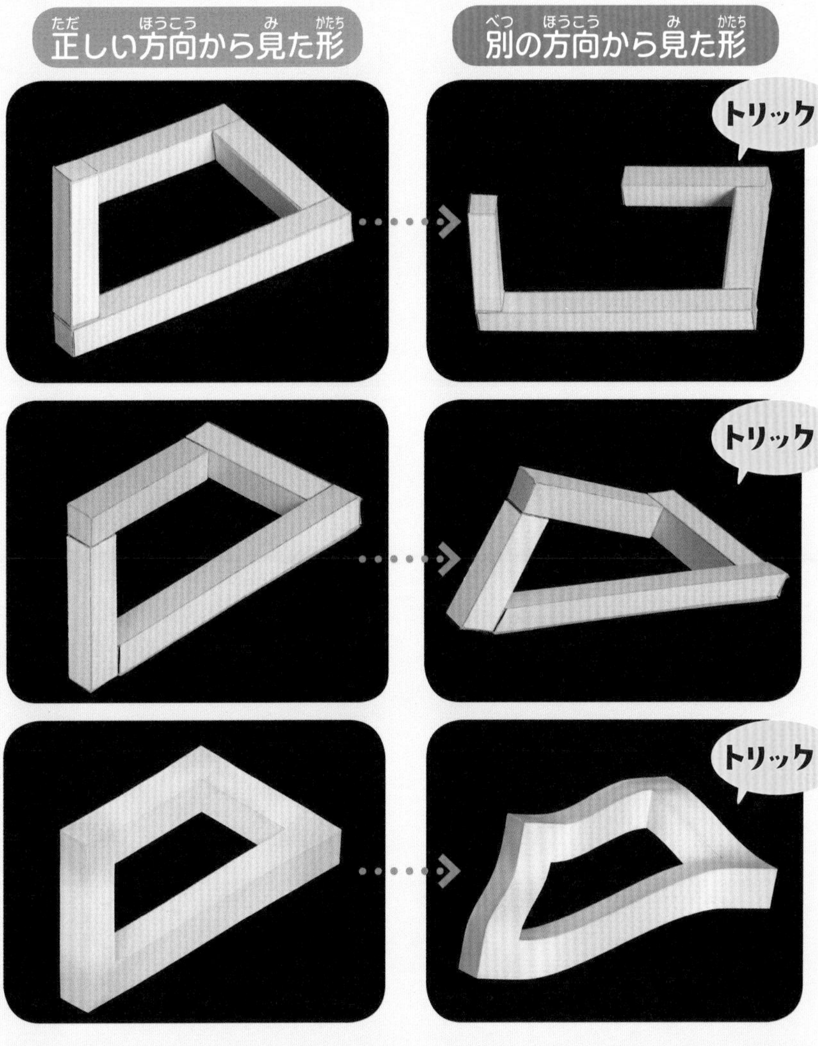

錯覚立体《さっかくりったい》3

不《ふ》可《か》能《のう》モーション立体《りったい》

見《み》た目《め》と動《うご》きが反対《はんたい》になるふしぎな立体《りったい》だよ。
このトリック、見《み》やぶれるかな？

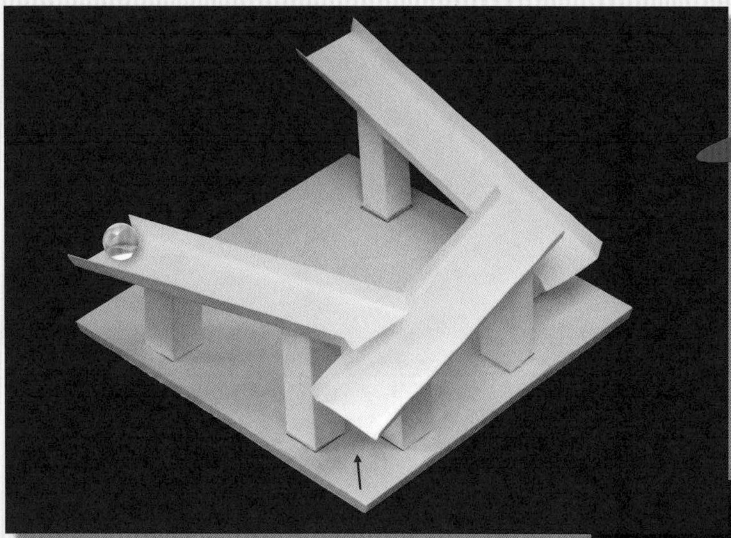

すべり台《だい》のいちばん下《した》に
ビー玉《だま》を置《お》くと…

ビー玉《だま》が坂《さか》をのぼった!!

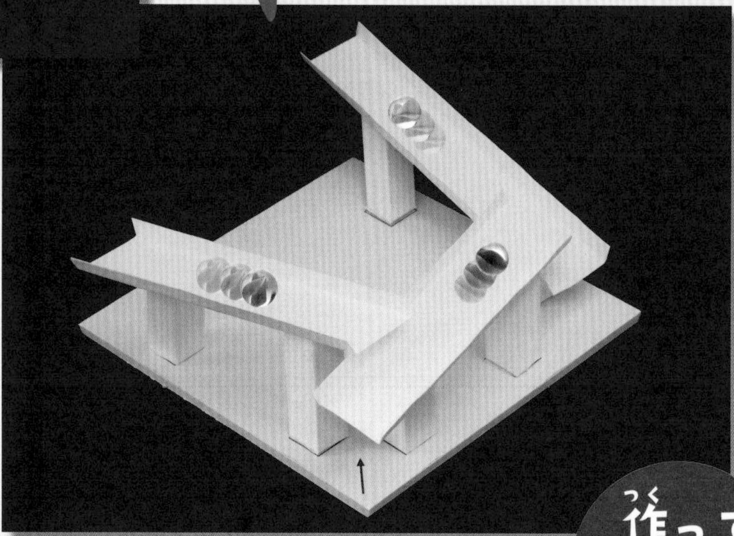

まるでビー玉《だま》が
磁石《じしゃく》でひきよせられて
いるみたい！

作《つく》って
みよう！
→ 33 ページ

じつはこんな形《かたち》！

坂《さか》のいちばん下《した》に置《お》いたビー玉《だま》が、重力《じゅうりょく》に逆《さか》らって坂《さか》をのぼるように見《み》えるふしぎな立体《りったい》です。じつは、すべり台《だい》をうしろから見《み》ると、こんな形《かたち》をしています。坂《さか》をささえている柱《はしら》が大《おお》きく傾《かたむ》いていて、坂《さか》の上《うえ》と下《した》が逆《ぎゃく》になっていたのです。見《み》た目《め》と動《うご》きが反対《はんたい》になるので、とてもきみょうな感《かん》じがします。

トリック！

不可能《ふかのう》モーションのひみつ

「**不可能《ふかのう》モーション**」は、ありふれた立体《りったい》に動《うご》きを加《くわ》えたとき、ありえないことがおこっていると感《かん》じる錯覚《さっかく》です。たとえば、ボールが重力《じゅうりょく》に逆《さか》らってすべり台《だい》をのぼっていくなどです。実際《じっさい》には、ボールは低《ひく》い方《ほう》へ向《む》かって転《ころ》がるという普通《ふつう》の動《うご》きをしているのに、わたしたちの脳《のう》がすべり台《だい》の傾《かたむ》きを逆《ぎゃく》に感《かん》じてしまうのです。

その秘密《ひみつ》は、すべり台《だい》を支《ささ》える柱《はしら》にあります。柱《はしら》はすべて同《おな》じ向《む》きに見《み》えます。そのため脳《のう》は、柱《はしら》がつくえに垂直《すいちょく》に立《た》っていると考《かんが》えます。そして、長《なが》い柱《はしら》が高《たか》いところを支《ささ》えていると思《おも》うのです。しかし実際《じっさい》には、長《なが》い柱《はしら》は後《うし》ろへ倒《たお》れているので、別《べつ》に高《たか》いところを支《ささ》えているわけではありません。

このように、へんな立体《りったい》なのにありふれた立体《りったい》だと思《おも》わせることによって、加《くわ》えた動《うご》きが不可能《ふかのう》に見《み》える不可能《ふかのう》モーションの錯覚《さっかく》を作《つく》り出《だ》すことができるのです。

すべってみたい！ だまし絵《え》のすべり台《だい》

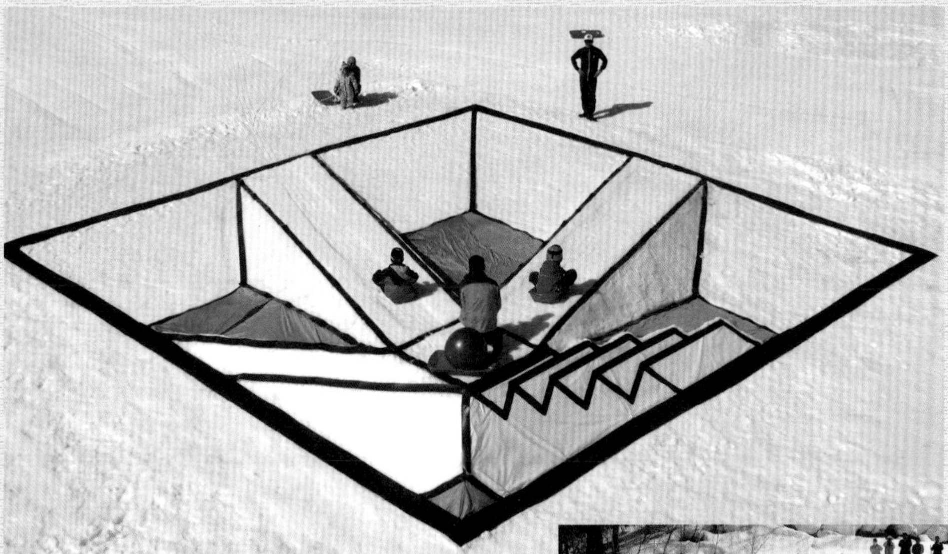

雪《ゆき》で作《つく》った不可能《ふかのう》モーションのすべり台《だい》だよ。真《ま》ん中《なか》の部分《ぶぶん》が低《ひく》くなっているように見《み》えるけど、実際《じっさい》は右《みぎ》の写真《しゃしん》のように高《たか》くなっているんだ。

上《うえ》で見《み》ている人《ひと》からは、そりですべる子《こ》どもたちが、坂《さか》をのぼっているように見《み》えるよ。

写真提供朝日新聞社

錯覚立体《さっかくりったい》4

変身立体《へんしんりったい》

見《み》る向《む》きによって、形《かたち》がまったく変《か》わってしまう変身立体《へんしんりったい》だよ。
本当《ほんとう》はどんな形《かたち》なのかな？

作《つく》ってみよう！
→ 21・23・25ページ

鏡《かがみ》にうつすと……
形《かたち》が変《か》わる！！

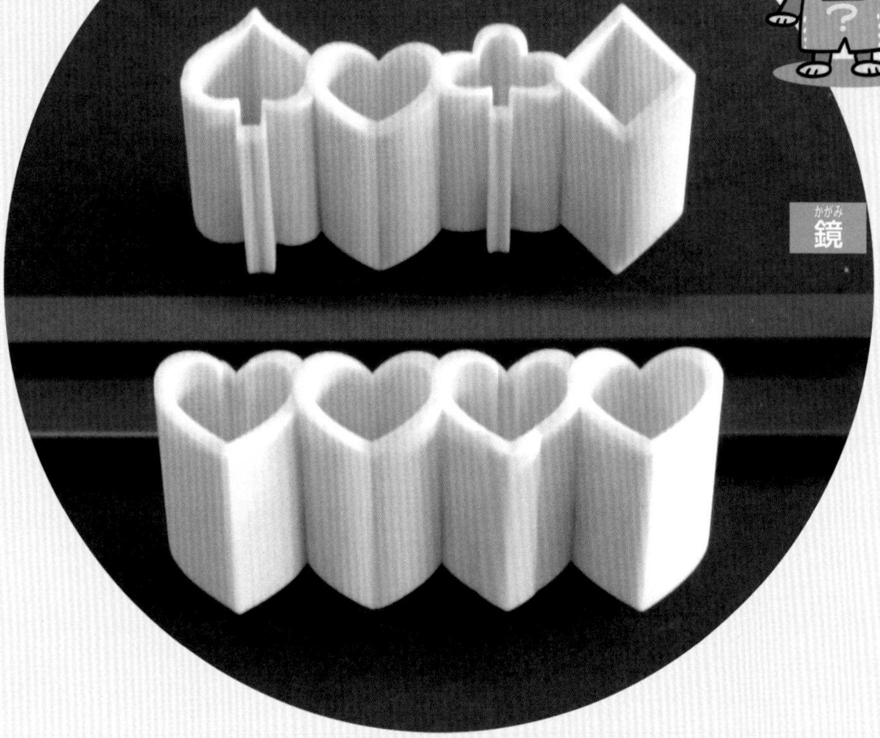

じつはこんな形《かたち》！

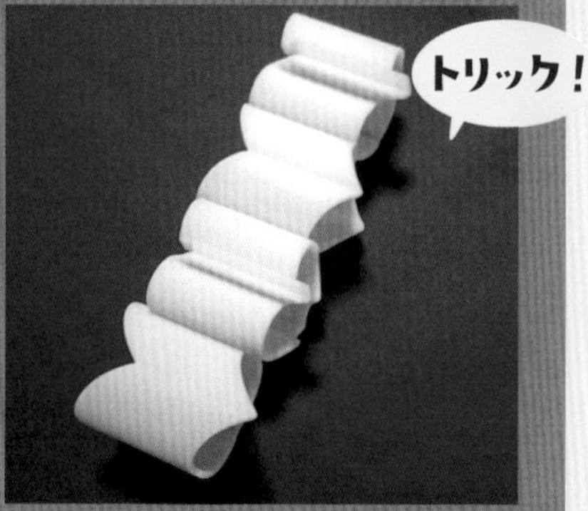

立体《りったい》を鏡《かがみ》の前《まえ》に置《お》くと、直接《ちょくせつ》見《み》た形《かたち》と、鏡《かがみ》にうつった形《かたち》がちがって見《み》えます。

どうして形《かたち》が変《か》わるの？

1つの方向《ほうこう》から見《み》た絵《え》には奥行《おくゆ》きがないため、同《おな》じように見《み》える立体《りったい》はたくさんあります。その中《なか》には、別《べつ》の方向《ほうこう》から見《み》たとき、もう1つの形《かたち》に見《み》える立体《りったい》がある場合《ばあい》があります。それを見《み》つけ出《だ》して作《つく》ったのが**変身立体《へんしんりったい》**です。実際《じっさい》には、こう見《み》えてほしいという2つの図形《ずけい》を決《き》めてから、計算《けいさん》でその立体《りったい》を見《み》つけています。

変身立体《へんしんりったい》の筒《つつ》の形《かたち》は、上《うえ》のはしは上《あ》がったり下《さ》がったりという起伏《きふく》のある曲線《きょくせん》でできていますが、筒《つつ》の長《なが》さがどこで測《はか》っても同《おな》じになるように作《つく》ってあるため、わたしたちの脳《のう》は、筒《つつ》を水平《すいへい》な面《めん》で切断《せつだん》した切《き》り口《くち》を見《み》ているとかんちがいします。切《き》り口《くち》が鏡《かがみ》の中《なか》で別《べつ》の形《かたち》になるはずはないので、よりいっそう、ありえない立体《りったい》だと感《かん》じる錯覚《さっかく》がおきるのです。ただし、25ページの変身立体《へんしんりったい》では、つくえの上《うえ》に立《た》つように筒《つつ》の下《した》のはしを平《たい》らにしてあります。

2まいの鏡《かがみ》でもっと変身《へんしん》！

作《つく》ってみよう！
→37・49ページ

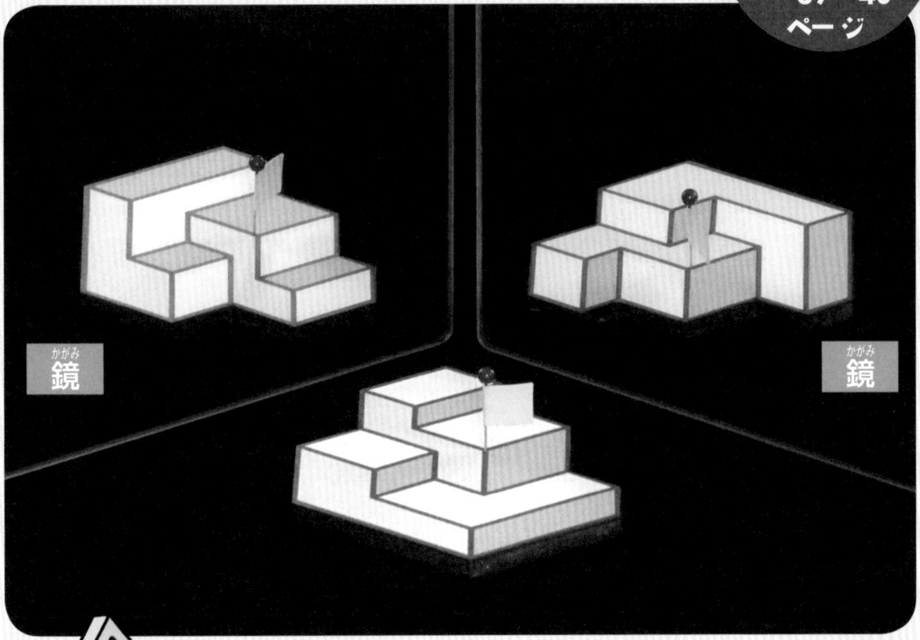

じつはこんな形《かたち》！

実際《じっさい》には1まいの平面《へいめん》の紙《かみ》に旗《はた》を垂直《すいちょく》に立《た》てたものですが、見《み》る角度《かくど》によって、さまざまな形《かたち》の立体《りったい》のように見《み》えます。

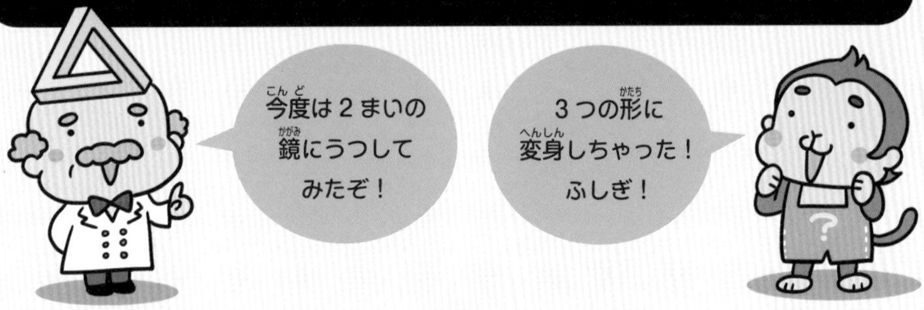

こんなところに!? おもしろ変身立体《へんしんりったい》

身《み》のまわりのものを変身立体《へんしんりったい》で作《つく》ってみたよ。

神社《じんじゃ》のさいせん箱《ばこ》のお金《かね》を入《い》れる部分《ぶぶん》が変身立《へんしんりっ》体《たい》になっているよ。おさいせんを入《い》れるのが楽《たの》しくなるかも！（石上布都魂神社／岡山県赤磐市）

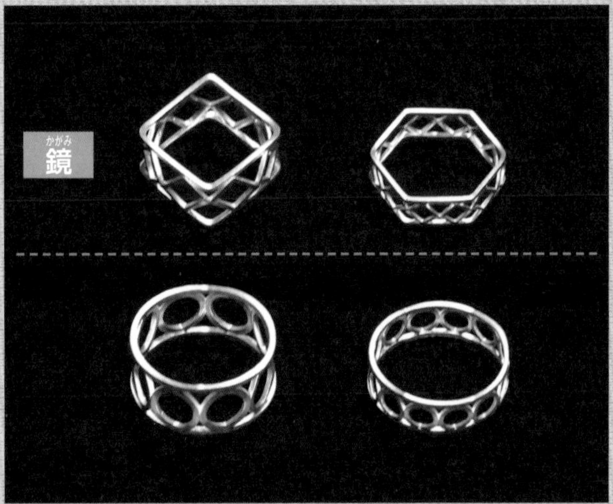

変身立体《へんしんりったい》の指輪《ゆびわ》だよ。指輪《ゆびわ》の形《かたち》もかざりの形《かたち》も反対側《はんたいがわ》から見《み》ると、丸《まる》から四角《しかく》に変身《へんしん》！　ついつい人《ひと》にじまんしたくなっちゃうね。

びっくり錯覚《さっかく》トリック

奥行《おくゆ》きを利用《りよう》した目《め》の錯覚《さっかく》をもっと見《み》てみよう。

アナモルフォーズ

じつはこんな形《かたち》！

歩道《ほどう》にえがかれた巨大《きょだい》なひまわり。じつは右《みぎ》の写真《しゃしん》のように、遠《とお》くになるほど長《なが》く引《ひ》きのばされた絵《え》になっています。歩道《ほどう》のはしに立《た》つ人《ひと》の視点《してん》から丸《まる》いひまわりに見《み》えるように、遠近法《えんきんほう》を用《もち》いてえがかれているのです。

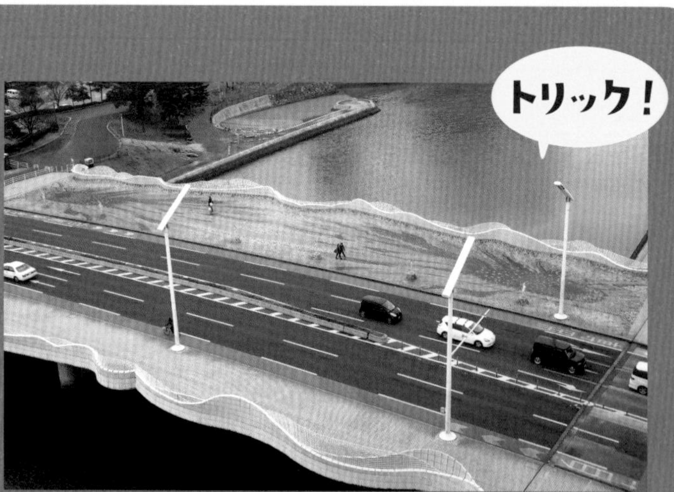

『太陽《たいよう》の橋《はし》』（福田繁雄《ふくだしげお》）

アナモルフォーズってなに？

普通《ふつう》の絵《え》は正面《しょうめん》から見《み》たとき正《ただ》しく見《み》えるように平面《へいめん》にえがかれますが、正面以外《しょうめんいがい》の特別《とくべつ》な方向《ほうこう》から見《み》たとき正《ただ》しく見《み》えるようにえがかれた絵《え》を**「アナモルフォーズ」**といいます。

たとえば、細《ほそ》くて長《なが》い廊下《ろうか》の壁《かべ》や天井《てんじょう》に、はしから見《み》たとき正《ただ》しく見《み》えるようにえがいた絵《え》はアナモルフォーズですが、せまい廊下《ろうか》なのに壮大《そうだい》な絵《え》をえがけるという利点《りてん》があります。アナモルフォーズを利用《りよう》すると、ドーム型《がた》の天井《てんじょう》や階段《かいだん》など平面以外《へいめんいがい》の場所《ばしょ》に絵《え》をえがくこともできます。身《み》のまわりにあるアナモルフォーズをさがしてみましょう。

身《み》のまわりのアナモルフォーズ

アナモルフォーズは、身近《みぢか》なところでも見《み》つけることができるよ。

フェンスのもようが…

正面《しょうめん》から見《み》るとところどころ赤《あか》くぬられたフェンス。歩《ある》く人《ひと》がななめから見《み》ると、花《はな》のもようが見《み》えます。

「止《と》まれ」の文字《もじ》が…

細長《ほそなが》くひきのばされた「止《と》まれ」の文字《もじ》、車《くるま》の運転手《うんてんしゅ》から見《み》たときに正《ただ》しく見《み》えるように書《か》かれています。

道路《どうろ》にナゾのマーク!?

交差点《こうさてん》の手前《てまえ》にえがかれたナゾの図形《ずけい》。車《くるま》の運転手《うんてんしゅ》からは立体的《りったいてき》なブロックが置《お》かれているように見《み》えます。車《くるま》がついつい一時停止《いちじていし》したくなる工夫《くふう》です。

クレーター錯視《さくし》

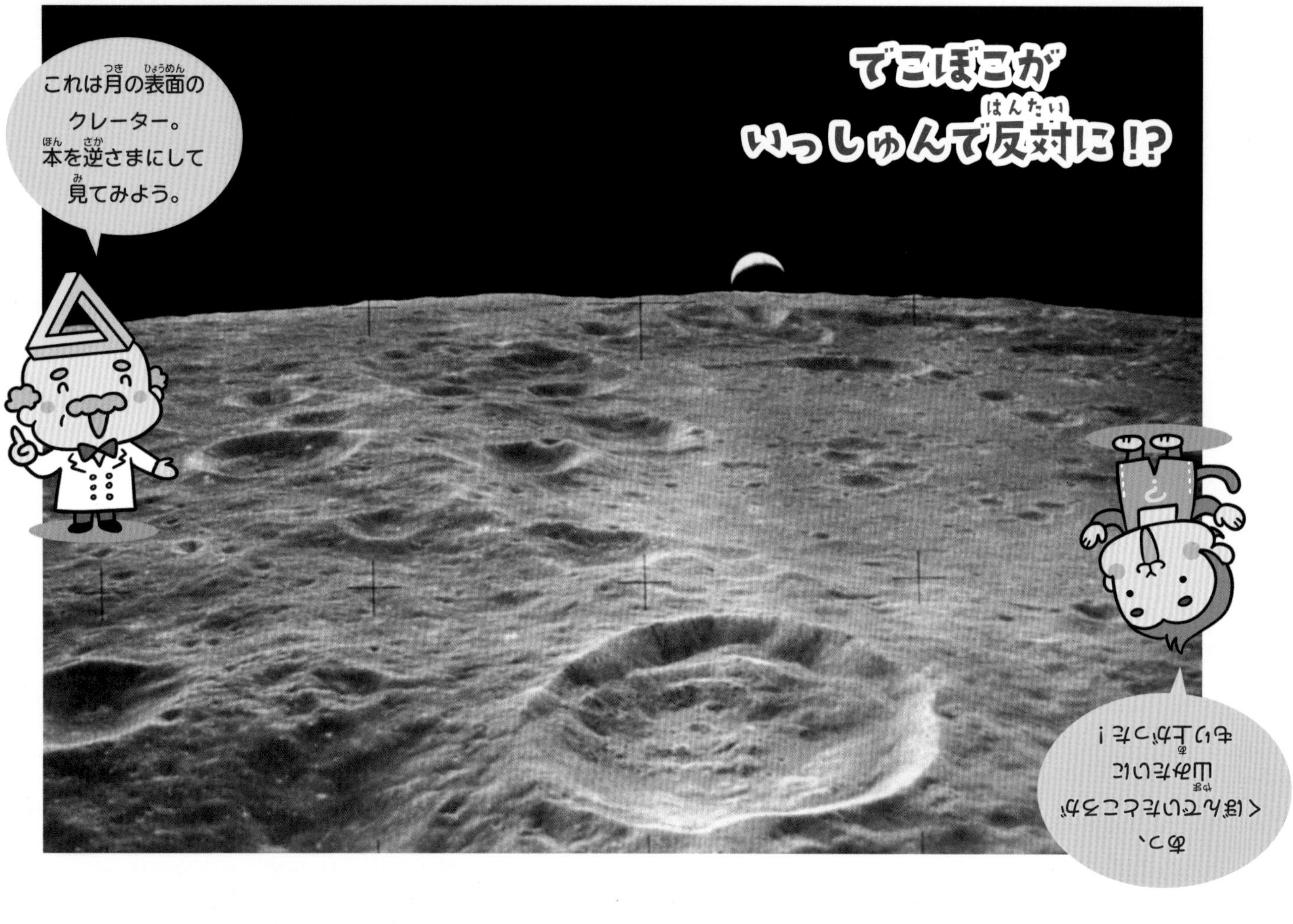

どうしてでこぼこが反対《はんたい》になるの？

わたしたちは、太陽《たいよう》や天井《てんじょう》の照明《しょうめい》によって上《うえ》から照《て》らされた環境《かんきょう》でものを見《み》ることに慣《な》れています。そのためわたしたちの脳《のう》は、写《しゃ》真《しん》の中《なか》の明《あか》るさも上《うえ》から照《て》らされた結果《けっか》だと考《かんが》えて、奥行《おくゆ》きを読《よ》み取《と》ります。

「明《あか》るく見《み》える面《めん》は上《うえ》を向《む》いているはずだ」、「暗《くら》く見《み》える面《めん》は下《した》を向《む》いているはずだ」と解《かい》釈《しゃく》するわけです。写真《しゃしん》を逆《さか》さまにすると、下《した》から照《て》らされてものを見《み》ているはずなのに、それも上《うえ》から照《て》らされていると考《かんが》えてしまうために、でこぼこが逆《ぎゃく》になってしまうのです。

この現象《げんしょう》は月《つき》のクレーターの写真《しゃしん》で特《とく》に強《つよ》くおこるため、**「クレーター錯視《さくし》」**とよばれます。パソコンの画面《がめん》で出《で》たり引《ひ》っこんだりするボタン（**「ベベル図形《ずけい》」**とよばれます）にもこの錯視《さくし》が利用《りよう》されています。

『ベベル図形《ずけい》』

さがしてみよう！ 身近《みぢか》なクレーター錯視《さくし》

身《み》のまわりにも、クレーター錯視《さくし》になるものがたくさんあるよ。
逆《さか》さまにして確《たし》かめてみよう。

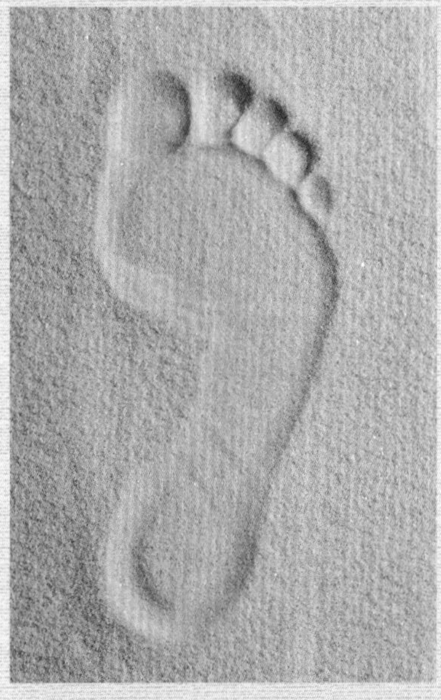

※人《ひと》によっては、でこぼこが逆《ぎゃく》に見《み》えない場合《ばあい》もあります。

クレーター錯視《さくし》を作《つく》ってみよう

●用意《ようい》するもの

油《あぶら》ねんど、おもちゃなど、カメラ

●作《つく》り方《かた》

・油《あぶら》ねんどに、おもちゃなどをおしつけて、くぼみをつける。

・光《ひかり》がななめ上《うえ》から強《つよ》くあたるようにして、真上《まうえ》から写真《しゃしん》をとる。

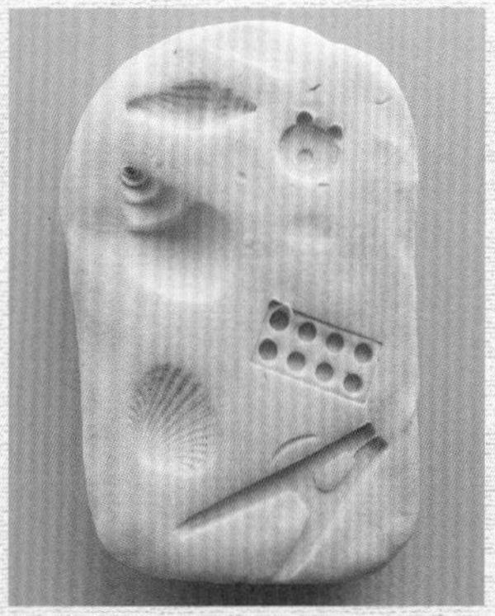

ホロウマスク錯視《さくし》

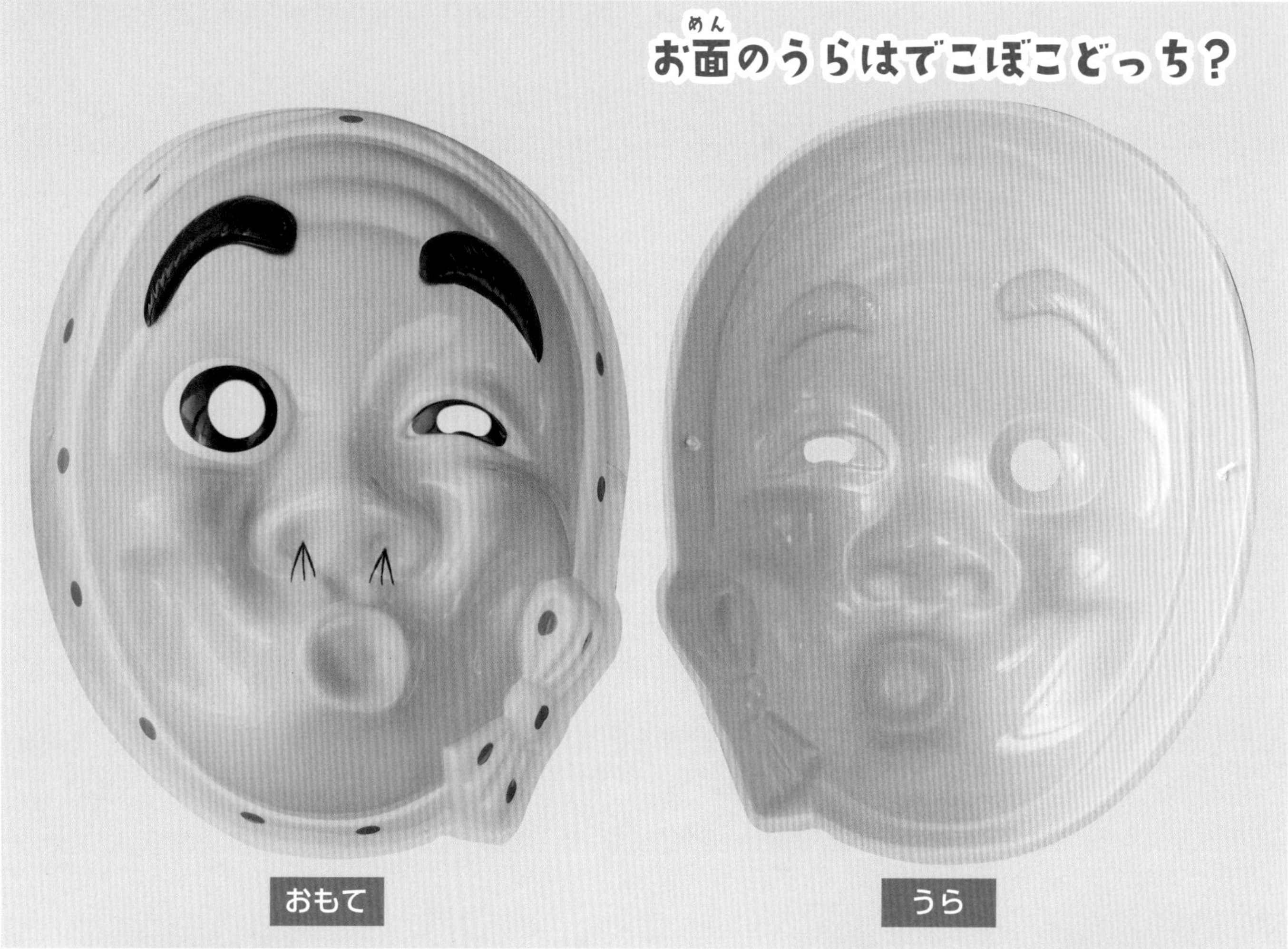

どうしてでっぱって見《み》えるの？

わたしたちは、顔《かお》はでっぱっているものということを知《し》っています。そのため、わたしたちの脳《のう》は、顔《かお》の形《かたち》をしたものはでっぱっていると思《おも》いこんでしまうのです。お面《めん》の裏側《うらがわ》を見《み》てもでっぱって見《み》える錯視《さくし》は、**「ホロウマスク錯視《さくし》」**とよばれます。わたしたちはいつもほかの人《ひと》とつき合《あ》いながら生《い》きていますから、顔《かお》は特別《とくべつ》に重要《じゅうよう》な意味《いみ》をもち、この思《おも》いこみが強《つよ》くなっていると考《かんが》えられています。

愛読者カード

ご愛読ありがとうございます。今後の出版企画の参考にさせていただきますので、お手数ですが、皆様のご意見・ご感想をお聞かせください。

この本の書名

年齢・性別　（　　　）歳　男・女

この本のことを何でお知りになりましたか？

1. 書店で（書店名　　　）　2. 広告を見て（新聞・雑誌名　　　）
3. 書評・紹介記事を見て　4. 図書室・図書館で見て　5. その他（　　　）

この本をお求めになったきっかけは？（○印はいくつでも可）

1. 書名　2. 表紙　3. 著者のファン　4. 帯のコピー　5. その他（　　　）

お好きな本や作家を教えてください。

この本をお読みになった感想、著者へのメッセージなど、自由にお書きください。

ご感想を広告などで紹介してもよろしいですか？　（はい・匿名ならよい・いいえ）

ご協力ありがとうございました。

料金受取人払郵便

神田局承認

5331

差出有効期間
令和3年4月
30日まで

(期間後は切手をおはりください。)

郵便はがき

101-8791

507

東京都千代田区西神田3-2-1

あかね書房愛読者係行

ご住所	〒□□□-□□□□ 都道 府県		
TEL	(　　　)	e-mail	
お名前	フリガナ		
お子さまのお名前	フリガナ		
小社の図書目録を　(希望する・希望しない)			

ご記入いただいた個人情報は、目録や刊行物のご案内をお送りするために利用し、その他の目的には使用いたしません。また、個人情報を第三者に公開することは一切いたしません。

逆《ぎゃく》遠《えん》近《きん》錯《さく》視《し》

作《つく》ってみよう！
→37ページ

これはどんな立体《りったい》かな？

サイコロみたいな
形《かたち》だよね？

キューブを
動《うご》かしてみると…

じつはこんな形《かたち》！

サイコロのように見《み》えますが、じつは右《みぎ》の写真《しゃしん》ように中《ちゅう》心《しん》の角《かど》がくぼんだ形《かたち》になっています。見《み》る角度《かくど》を変《か》えると、キューブは逆《ぎゃく》の方向《ほうこう》に動《うご》くように見《み》えます。

キューブを作《つく》って
ふしぎな動《うご》きを
体験《たいけん》しよう！

どうしてサイコロみたいに見《み》えるの？

わたしたちは、近《ちか》くのものは大《おお》きく見《み》え、遠《とお》くのものは小《ちい》さく見《み》えることを知《し》っています。このキューブは、中央《ちゅうおう》を大《おお》きく作《つく》り、周《しゅう》辺《へん》は小《ちい》さめに作《つく》ってあるため、中央《ちゅうおう》が近《ちか》い（つまりでっぱっている）と思《おも》ってしまうのです。

特《とく》に片方《かたほう》の目《め》で見《み》ると、この錯視《さくし》は大《おお》きくなります。これは、両方《りょうほう》の目《め》で見《み》ると左右《さゆう》の見《み》え方《かた》のちがいから本当《ほんとう》の距離《きょり》がわかりやすくなるのに対《たい》して、片方《かたほう》の目《め》だけで見《み》ると、本当《ほんとう》の距離《きょり》の情報《じょうほう》が失《うしな》われてしまうからです。

このように遠近感《えんきんかん》が逆転《ぎゃくてん》する錯視《さくし》は**「逆遠《ぎゃくえん》近錯視《きんさくし》」**とよばれます。

錯覚《さっかく》！立体《りったい》ペーパークラフト

工作《こうさく》レベル：★かんたん！　★★ちょっと時間《じかん》がかかるよ　★★★おとなに手伝《てつだ》ってもらおう

①ペンローズの三角形《さんかくけい》 ★★

●型紙《かたがみ》:19 ～ 22 ページ
●作《つく》り方《かた》：41 ページ

②角柱《かくちゅう》のニアミス ★★

●型紙《かたがみ》:21 ～ 24 ページ
●作《つく》り方《かた》：42 ページ

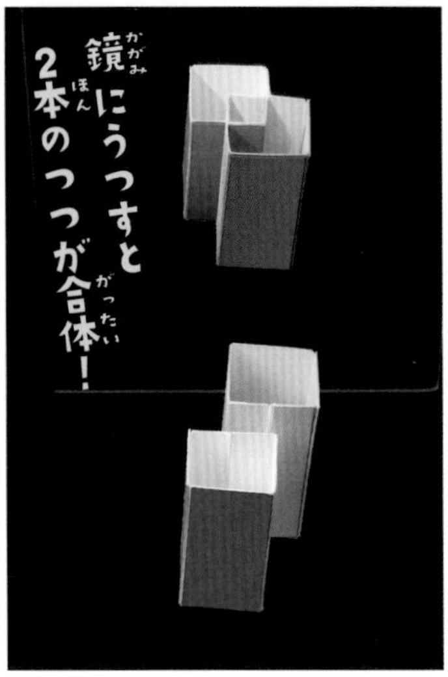

③変身立体《へんしんりったい》 ★

●型紙《かたがみ》:25 ～ 26 ページ
●作《つく》り方《かた》：43 ページ

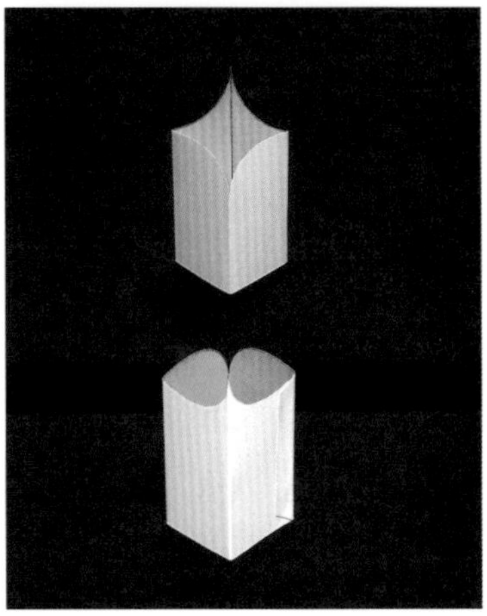

鏡《かがみ》にうつすと形《かたち》が変《か》わる
3つの立体《りったい》！

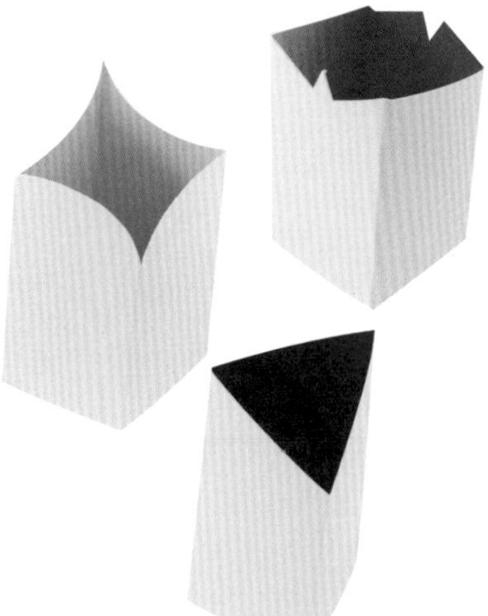

④変《へん》な柵《さく》 ★★★

●型紙《かたがみ》:27 ～ 34 ページ
●作《つく》り方《かた》：44 ページ

真《ま》ん中《なか》の柱《はしら》は奥《おく》にある？
それとも手前《てまえ》？

⑤反重力《はんじゅうりょく》コの字型《じがた》すべり台《だい》

★★★ ●型紙《かたがみ》:33 ～ 38 ページ
●作《つく》り方《かた》：45 ページ

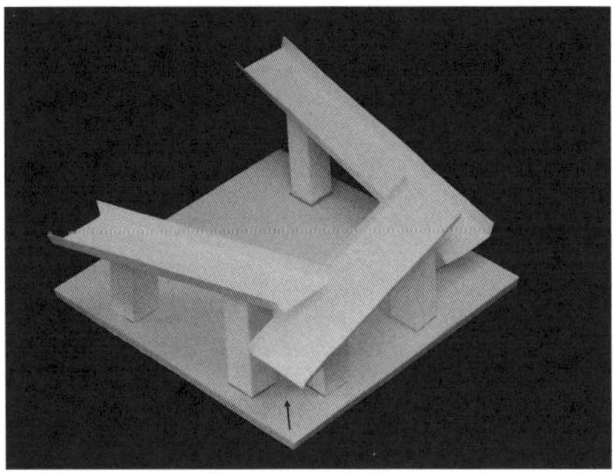

ビー玉《だま》が坂《さか》をのぼるふしぎなすべり台《だい》

⑥ 3 方向変身立体《ほうこうへんしんりったい》 ★

●型紙《かたがみ》:37 ～ 38、49 ページ
●作《つく》り方《かた》：46 ページ

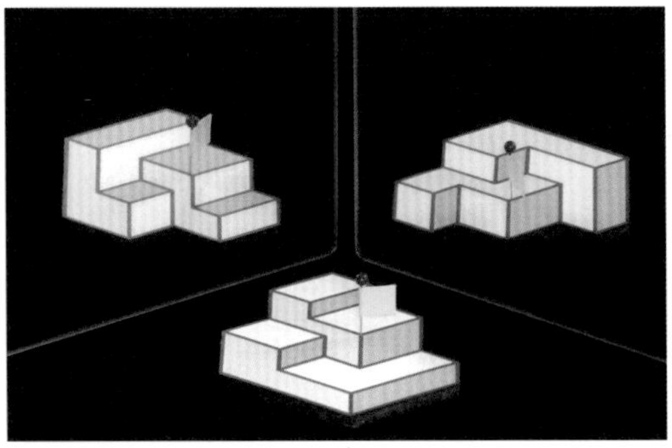

平面《へいめん》なのに、鏡《かがみ》にうつすと
3つの立体《りったい》に変身《へんしん》！

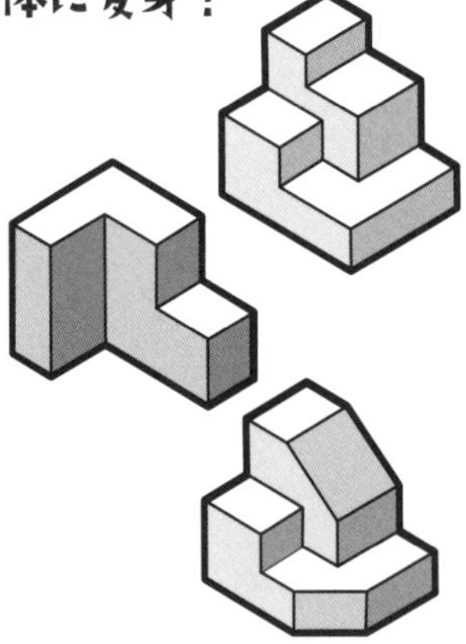

⑦逆遠近《ぎゃくえんきん》キューブ★

●型紙《かたがみ》:37 ～ 38 ページ
●作《つく》り方《かた》：47 ページ

あやしい動《うご》きをする
なぞのキューブの
正体《しょうたい》は!?

➡ はじめにこの線《せん》でページを切《き》りとりましょう。

①ペンローズの三角形《さんかくけい》

型紙《かたがみ》 → 19～22ページ
作《つく》り方《かた》 → 41ページ

↓ 部品《ぶひん》1

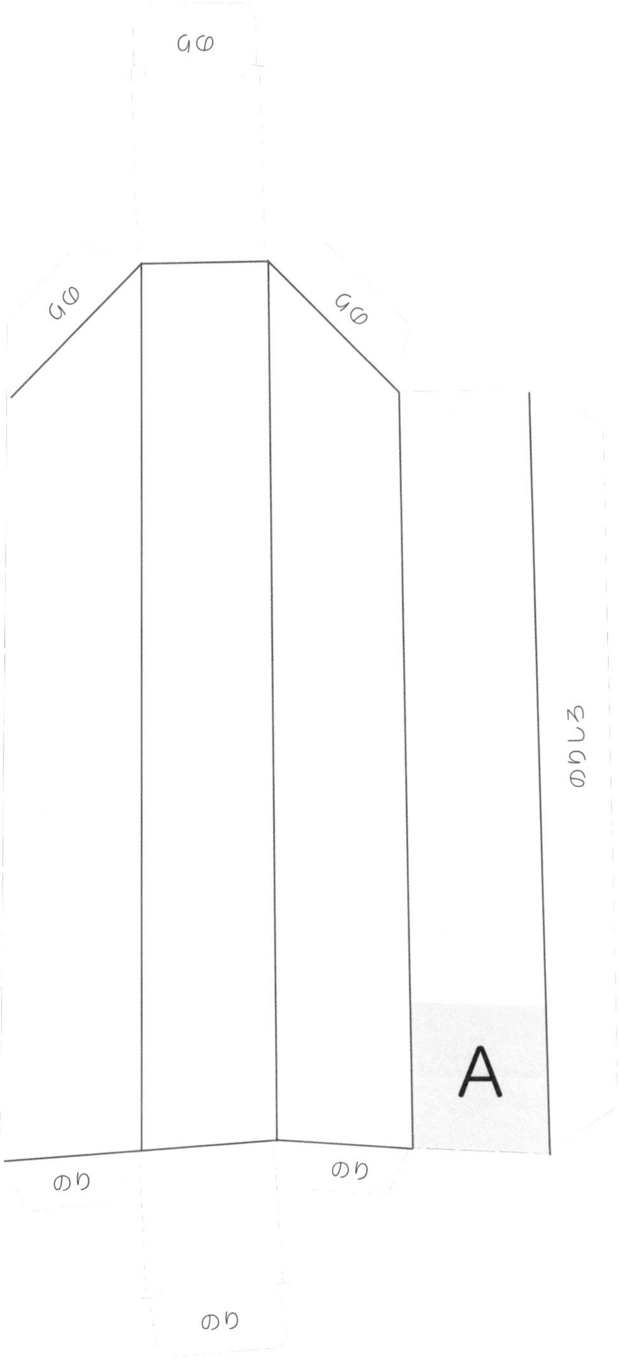

↓ 部品《ぶひん》2

(うら)

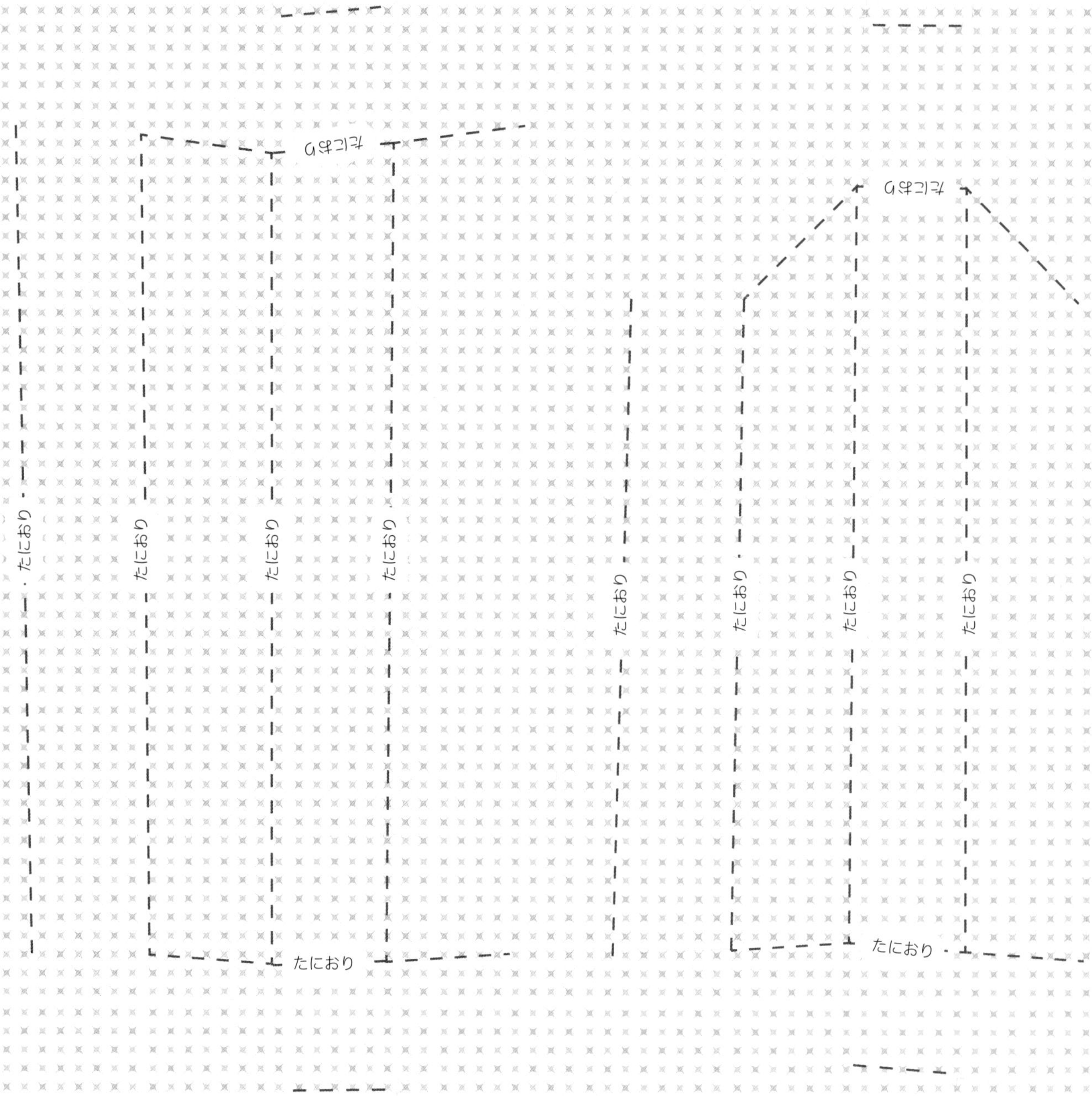

➡ はじめにこの線《せん》でページを切《き》りとりましょう。

①ペンローズの三角形《さんかくけい》

型紙《かたがみ》 → 19 ～ 22 ページ
作《つく》り方《かた》 → 41 ページ

↓ 部品《ぶひん》3

②角柱《かくちゅう》のニアミス

型紙《かたがみ》 → 21 ～ 24 ページ
作《つく》り方《かた》 → 42 ページ

↓ 部品《ぶひん》1

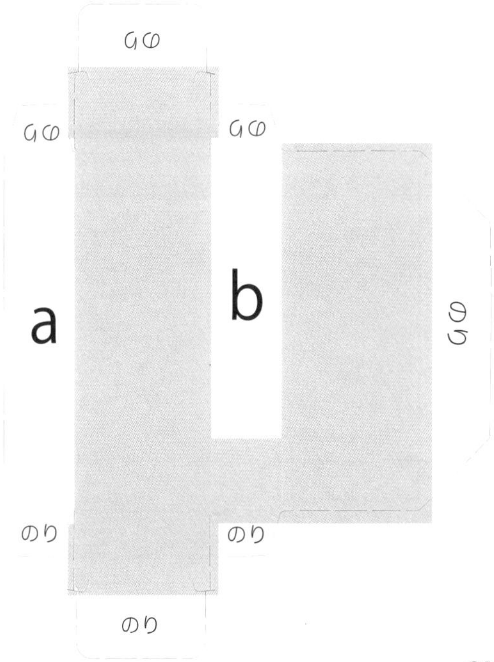

(うら)

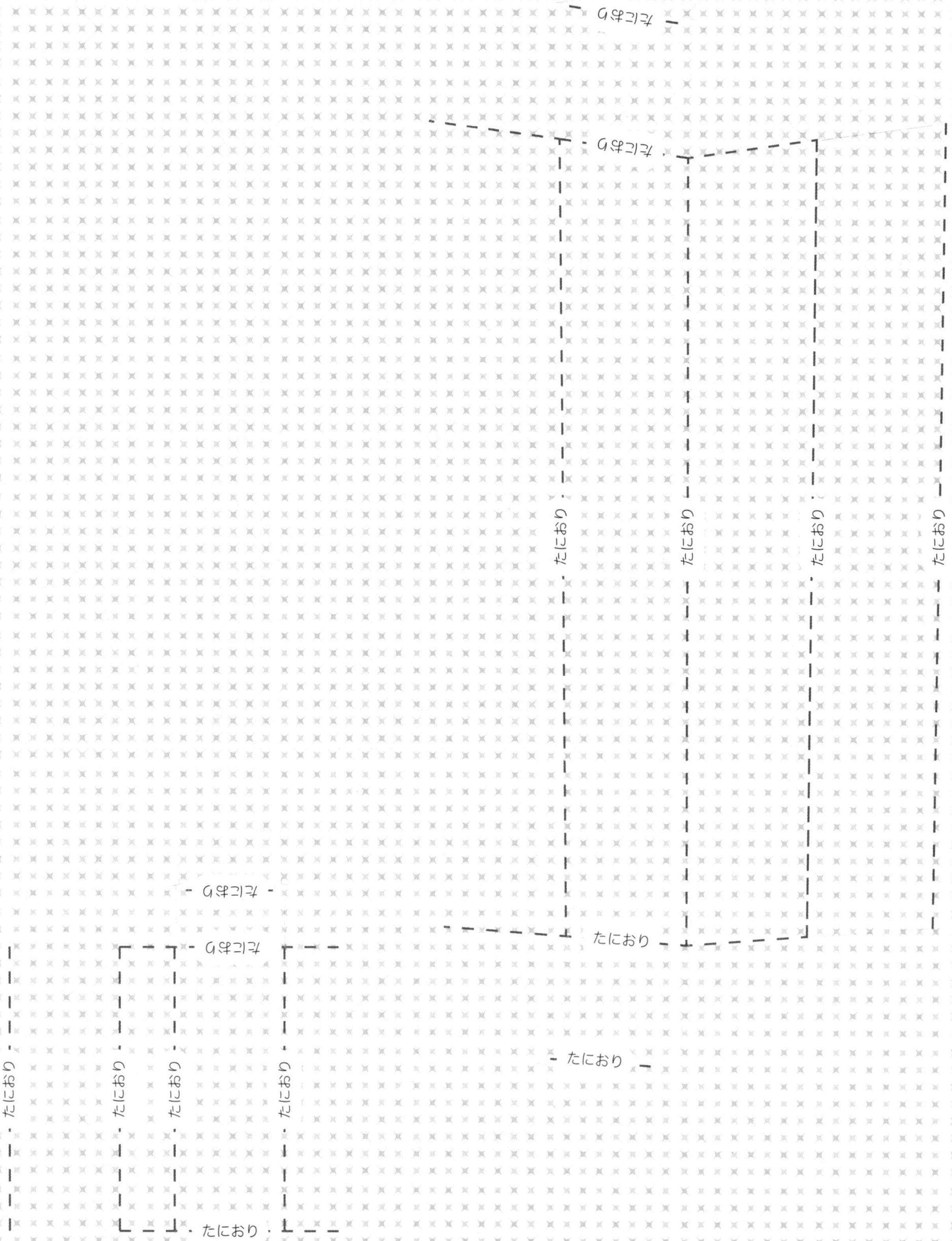
たにおり
たにおり
たにおり
たにおり
たにおり
たにおり
たにおり
たにおり
たにおり
たにおり
たにおり
たにおり
たにおり
たにおり
たにおり
たにおり

➡ はじめにこの線《せん》でページを切《き》りとりましょう。

②角柱《かくちゅう》のニアミス

型紙《かたがみ》 → 21 ～ 24 ページ
作《つく》り方《かた》 → 42 ページ

↓ 部品《ぶひん》2

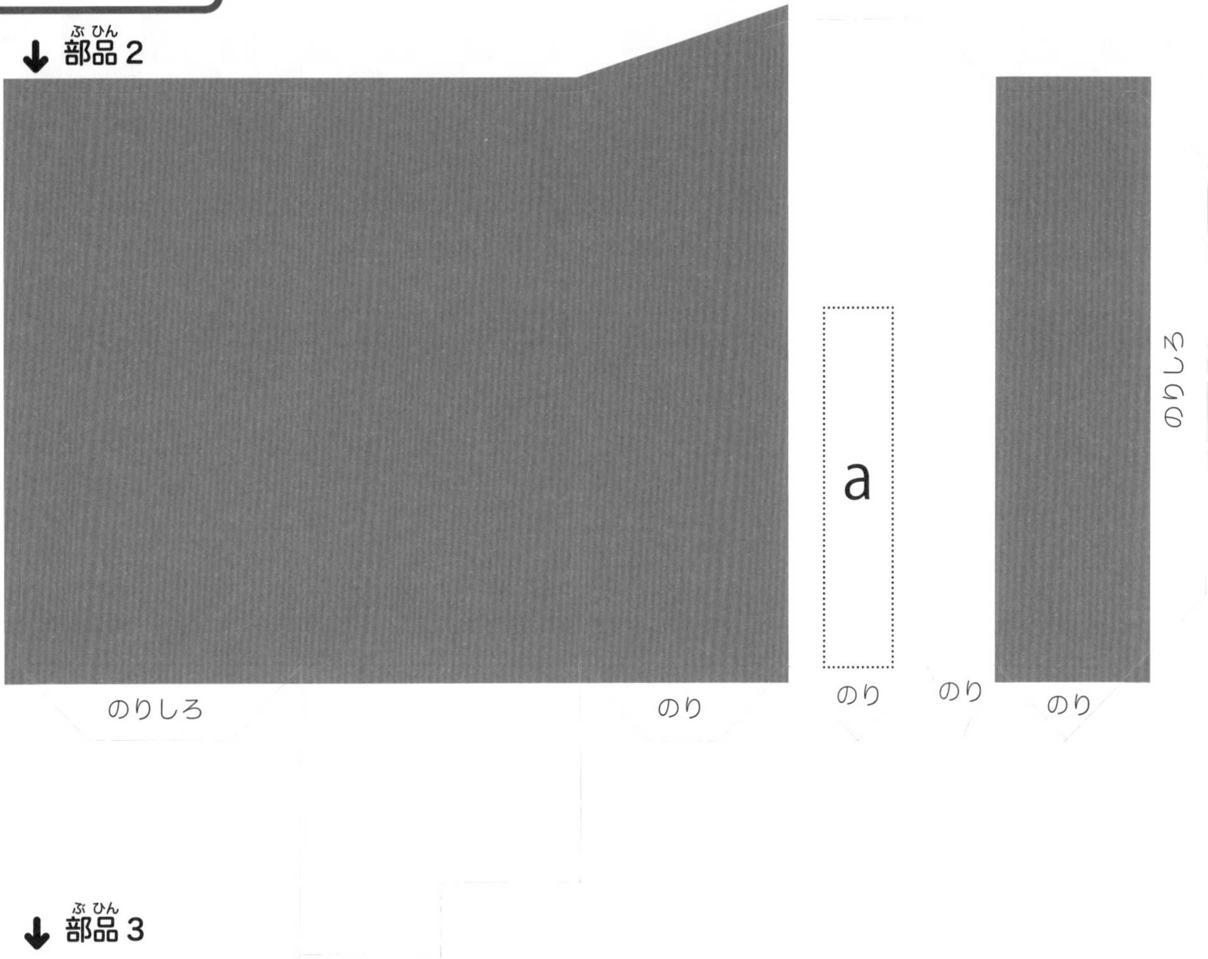

↓ 部品《ぶひん》3

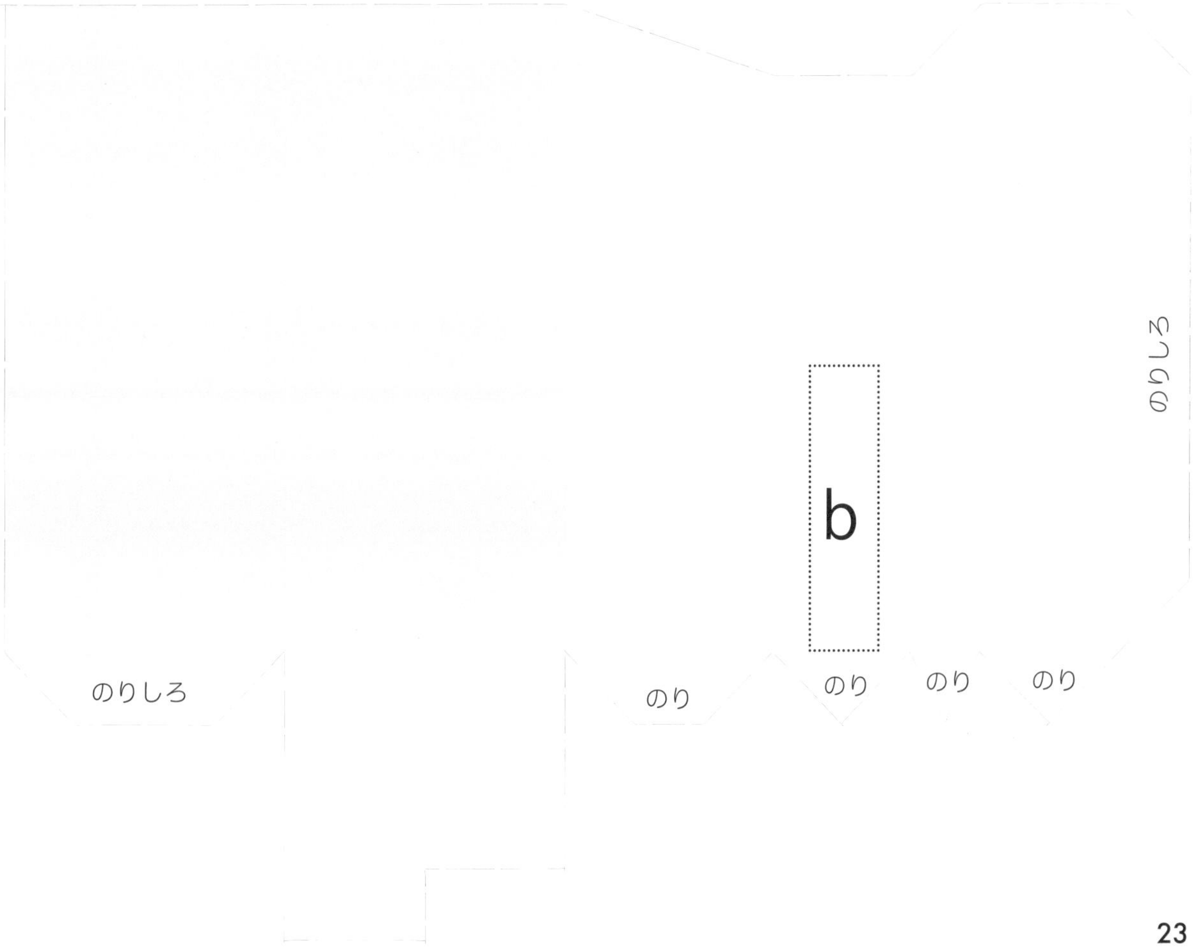

(うら)

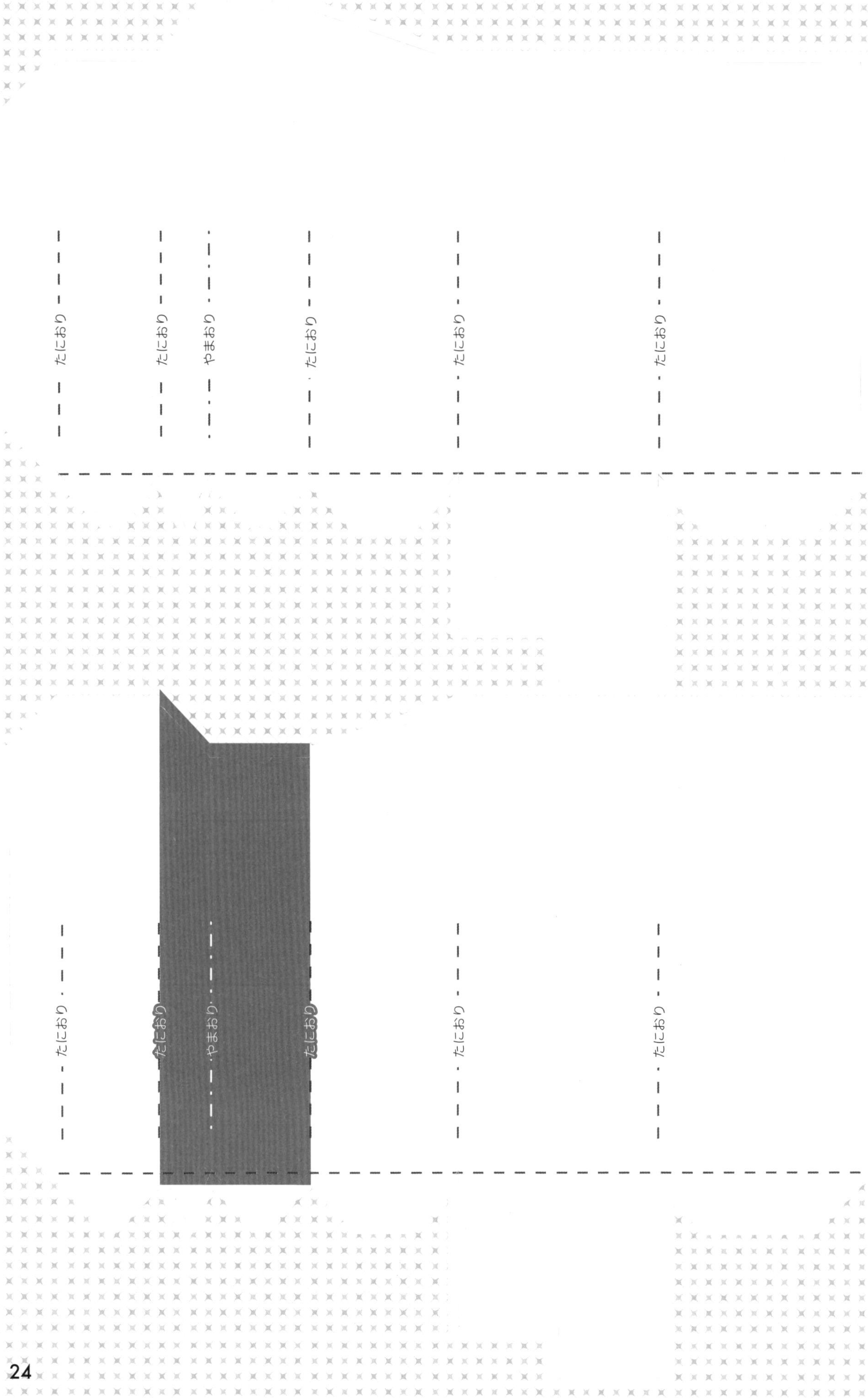

➡ まずはこの線《せん》でページを切《き》りとりましょう。

③変身立体《へんしんりったい》
型紙《かたがみ》→25〜26ページ
作《つく》り方《かた》→43ページ

（表《おもて》）

↓「ちょうとリボン」

↓「星《ほし》を見《み》上《あ》げる双葉《ふたば》の芽《め》」

↓「反対《はんたい》をむく三角形《さんかくけい》」

(うら)

➡ はじめにこの線《せん》でページを切《き》りとりましょう。

④変《へん》な柵《さく》

型紙《かたがみ》 → 27 ～ 34 ページ
作《つく》り方《かた》 → 44 ページ

↓ 部品《ぶひん》 1 （土台《どだい》）

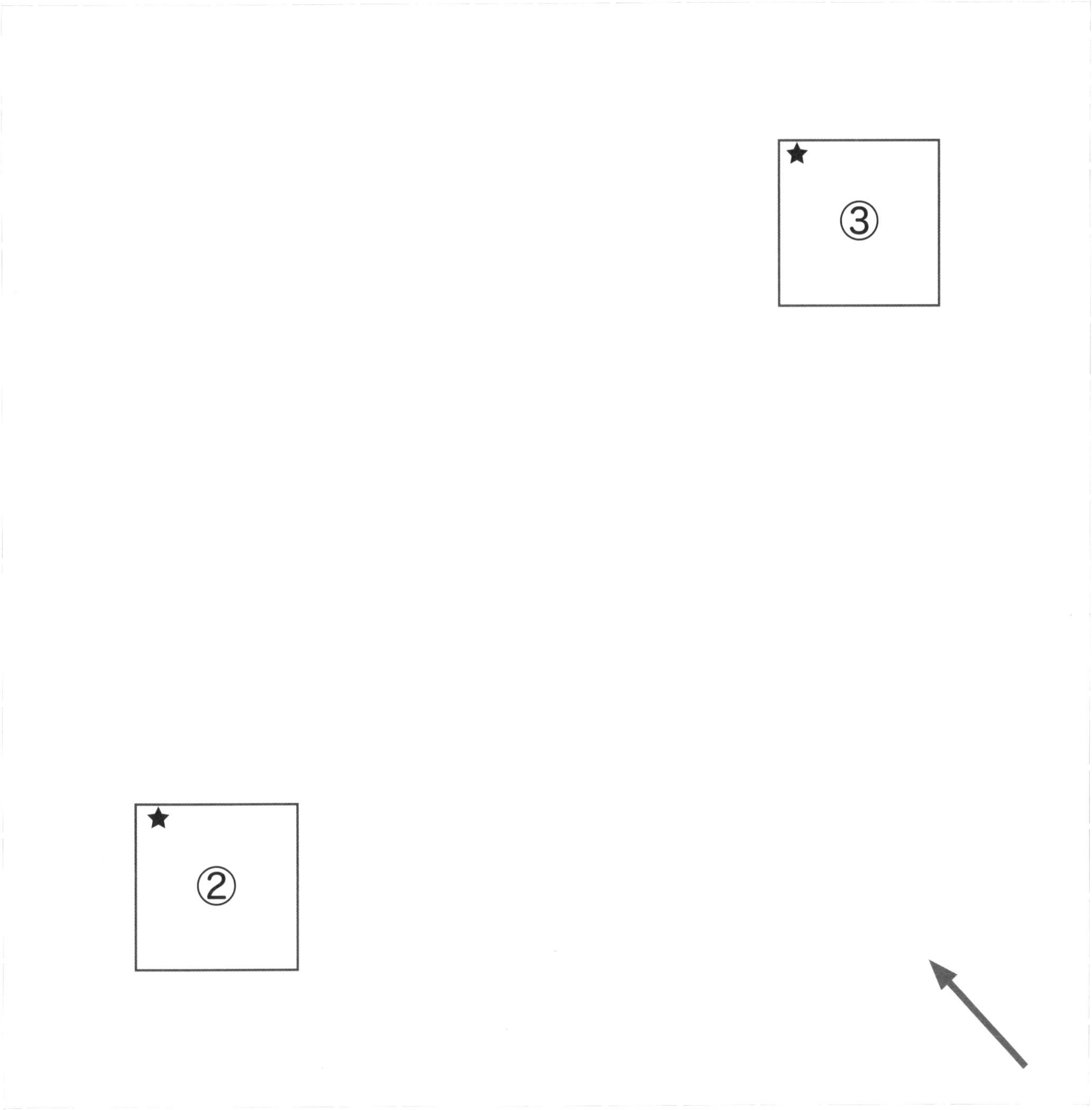

（うら）

→はじめにこの線《せん》でページを切《き》りとりましょう。

(表《おもて》)

④変《へん》な柵《さく》

型紙《かたがみ》 → 27～34ページ
作《つく》り方《かた》 → 44ページ

↓ 部品《ぶひん》2（柱《はしら》）

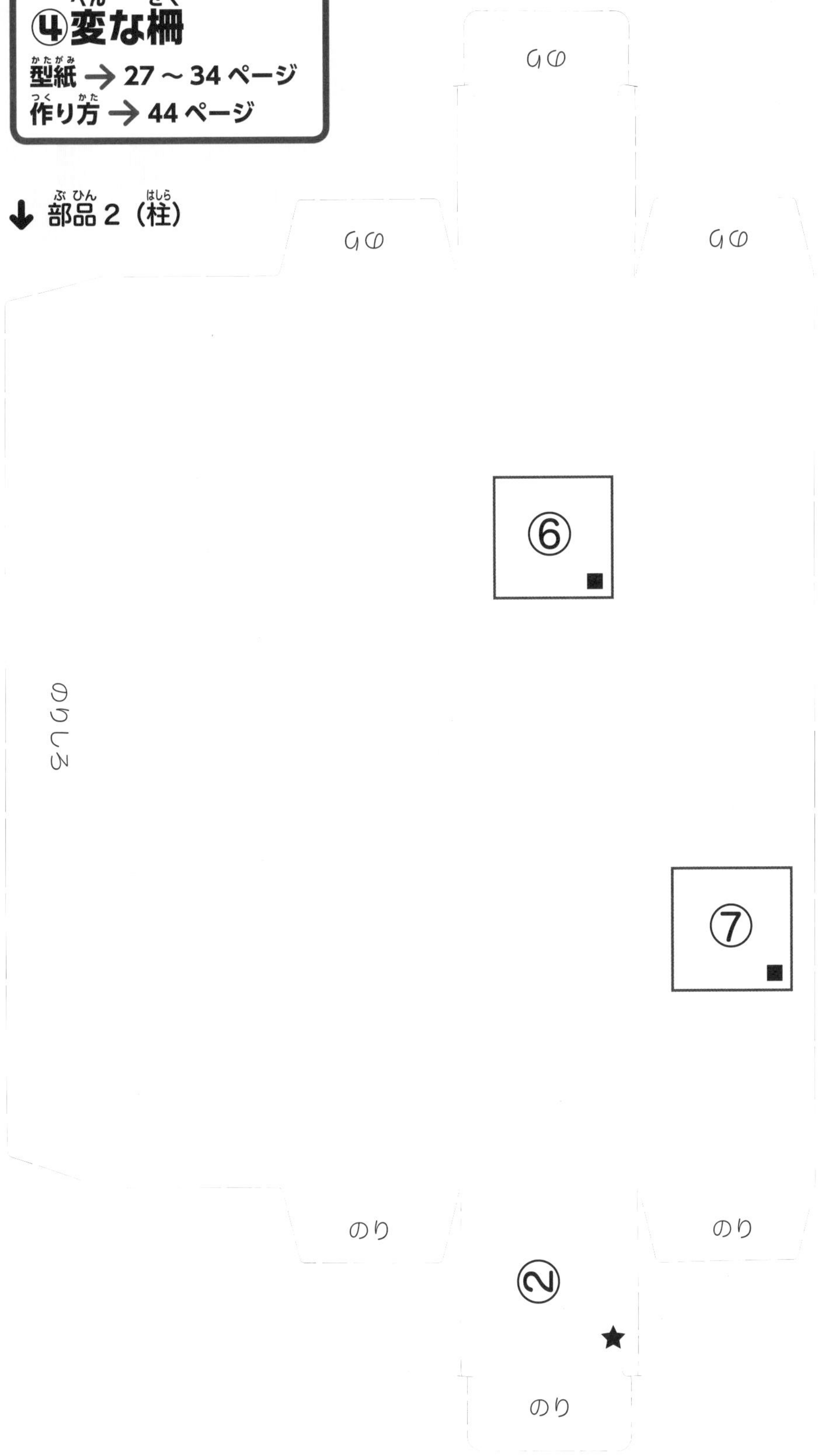

↓ 部品《ぶひん》5（横木《よこぎ》）

↓ 部品《ぶひん》6（横木《よこぎ》）

(うら)

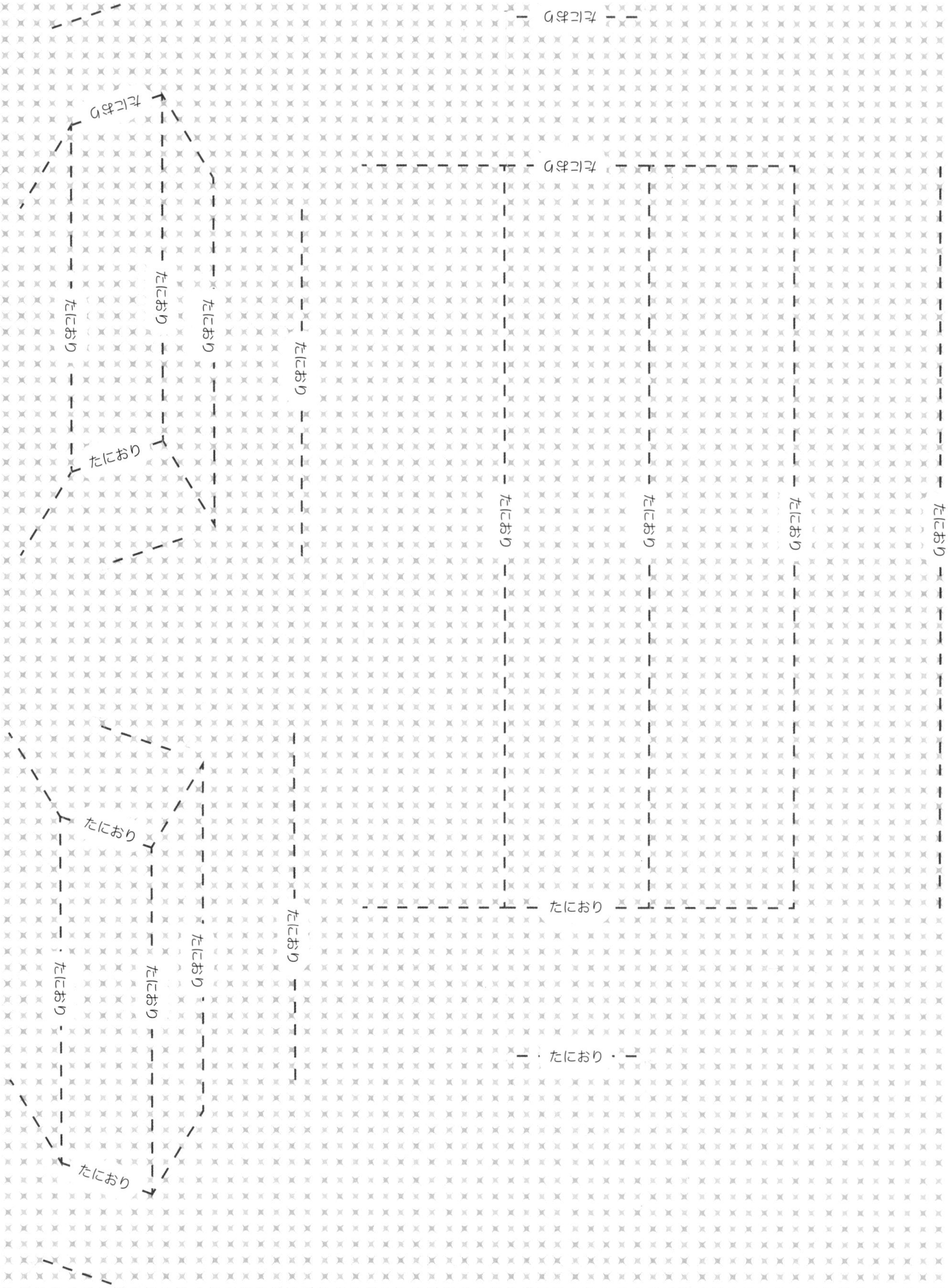
たにおり
たにおり
たにおり
たにおり
たにおり
たにおり
たにおり
たにおり
たにおり
たにおり
たにおり
たにおり
たにおり
たにおり
たにおり
たにおり
たにおり
たにおり
たにおり
たにおり

➡ はじめにこの線《せん》でページを切《き》りとりましょう。

④変《へん》な柵《さく》

型紙《かたがみ》 → 27～34ページ
作《つく》り方《かた》 → 44ページ

↓ 部品《ぶひん》3（柱《はしら》）

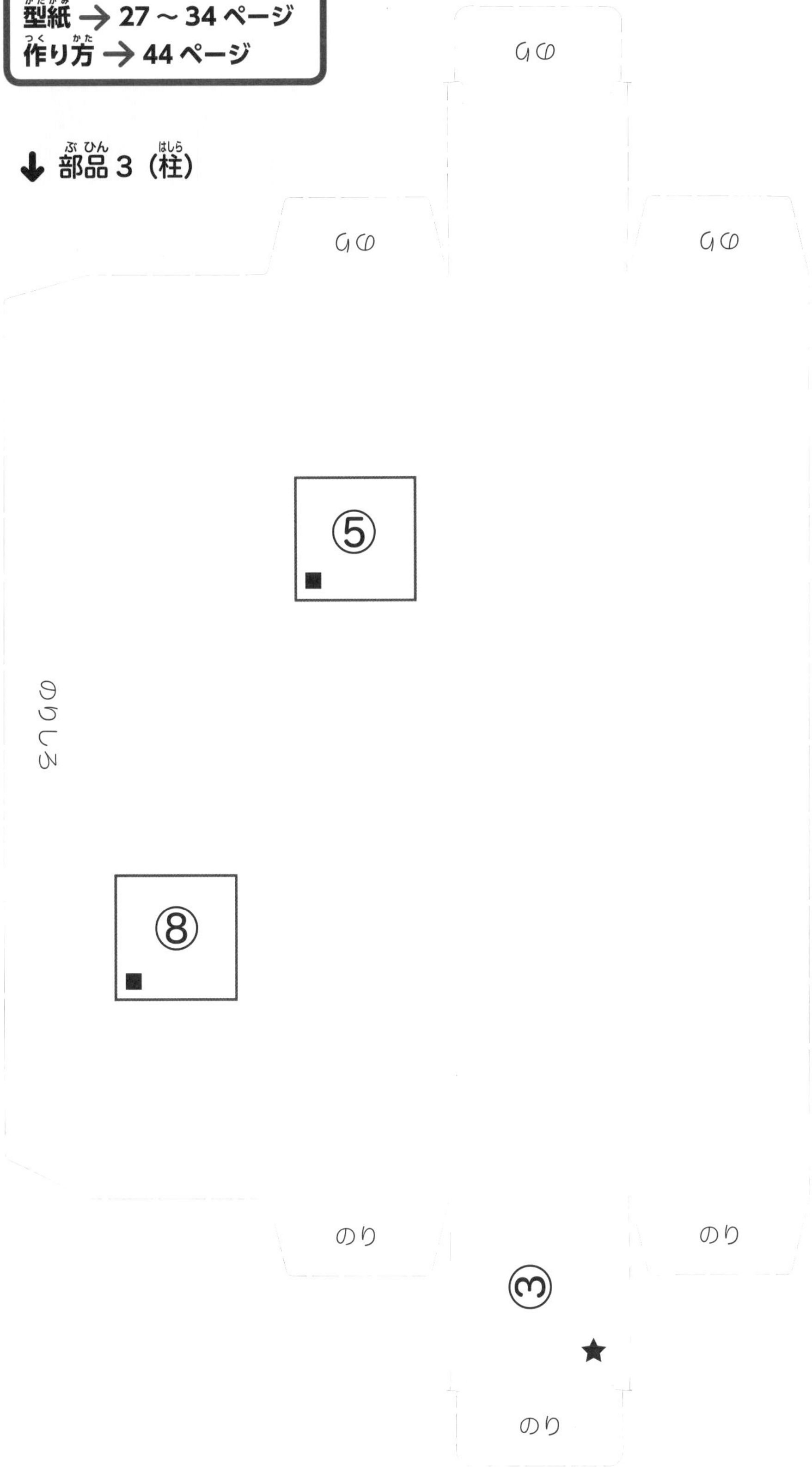

↓ 部品《ぶひん》7（横木《よこぎ》）

↓ 部品《ぶひん》8（横木《よこぎ》）

(うら)

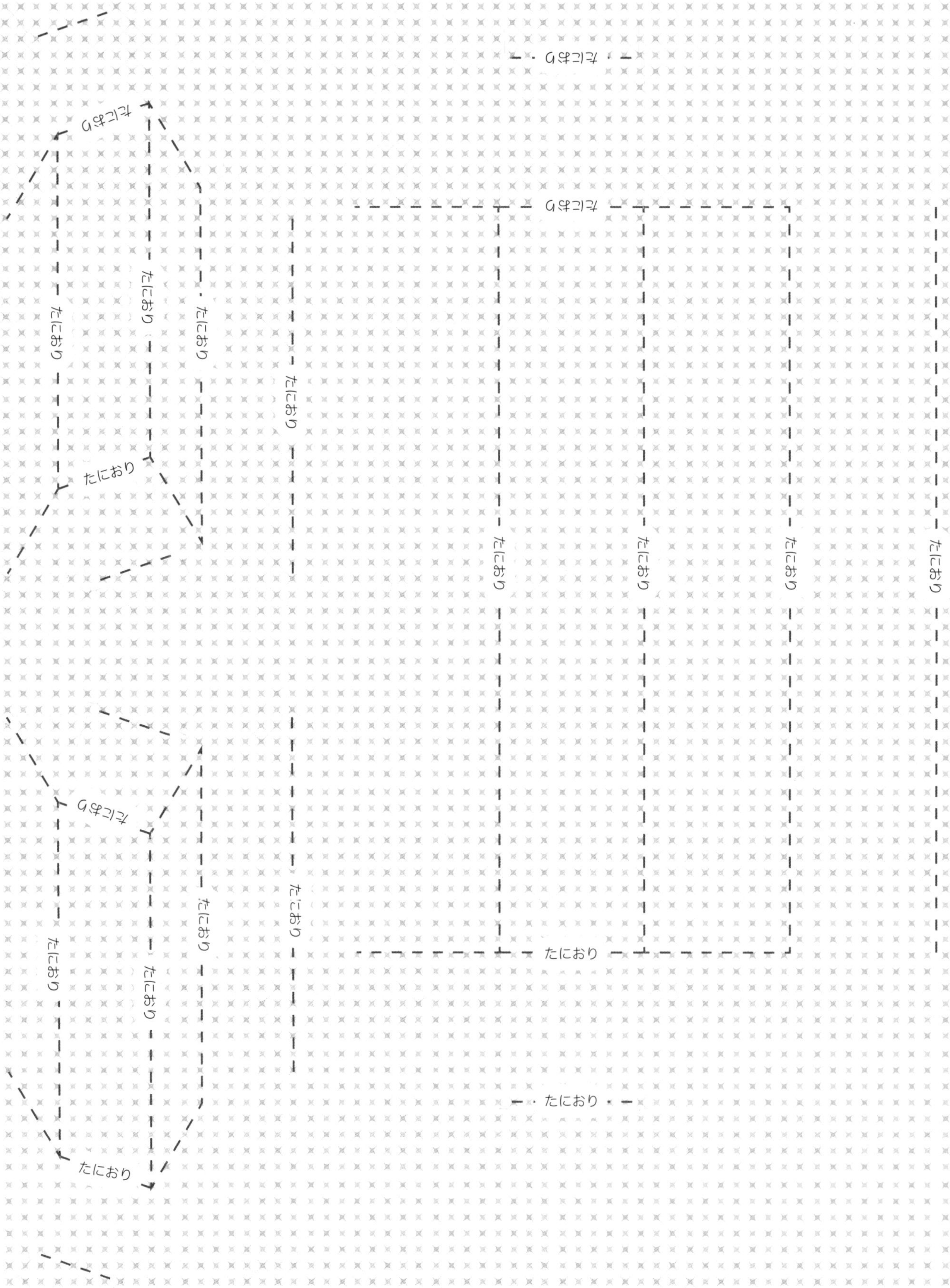
たにおり
たにおり
たにおり
たにおり
たにおり
たにおり
たにおり
たにおり
たにおり
たにおり
たにおり
たにおり
たにおり
たにおり
たにおり
たにおり
たにおり
たにおり
たにおり
たにおり

➡はじめにこの線《せん》でページを切《き》りとりましょう。

(表《おもて》)

④変《へん》な柵《さく》

型紙《かたがみ》→ 27～34 ページ
作《つく》り方《かた》→ 44 ページ

↓ 部品《ぶひん》4（柱《はしら》）

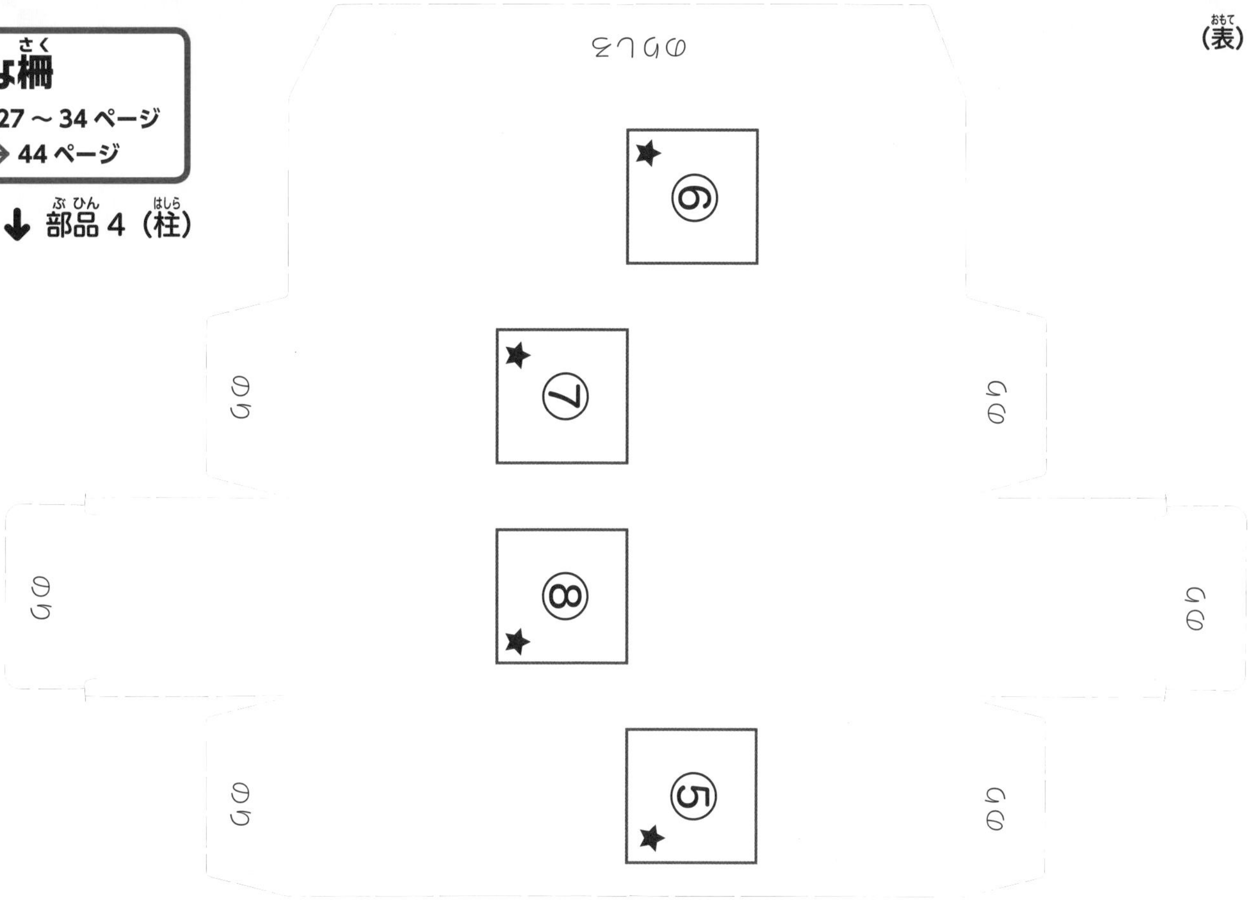

⑤反重力《はんじゅうりょく》カコの字型《じがた》すべり台《だい》

型紙《かたがみ》→ 33～38 ページ
作《つく》り方《かた》→ 45 ページ

部品《ぶひん》1（台《だい》）➡

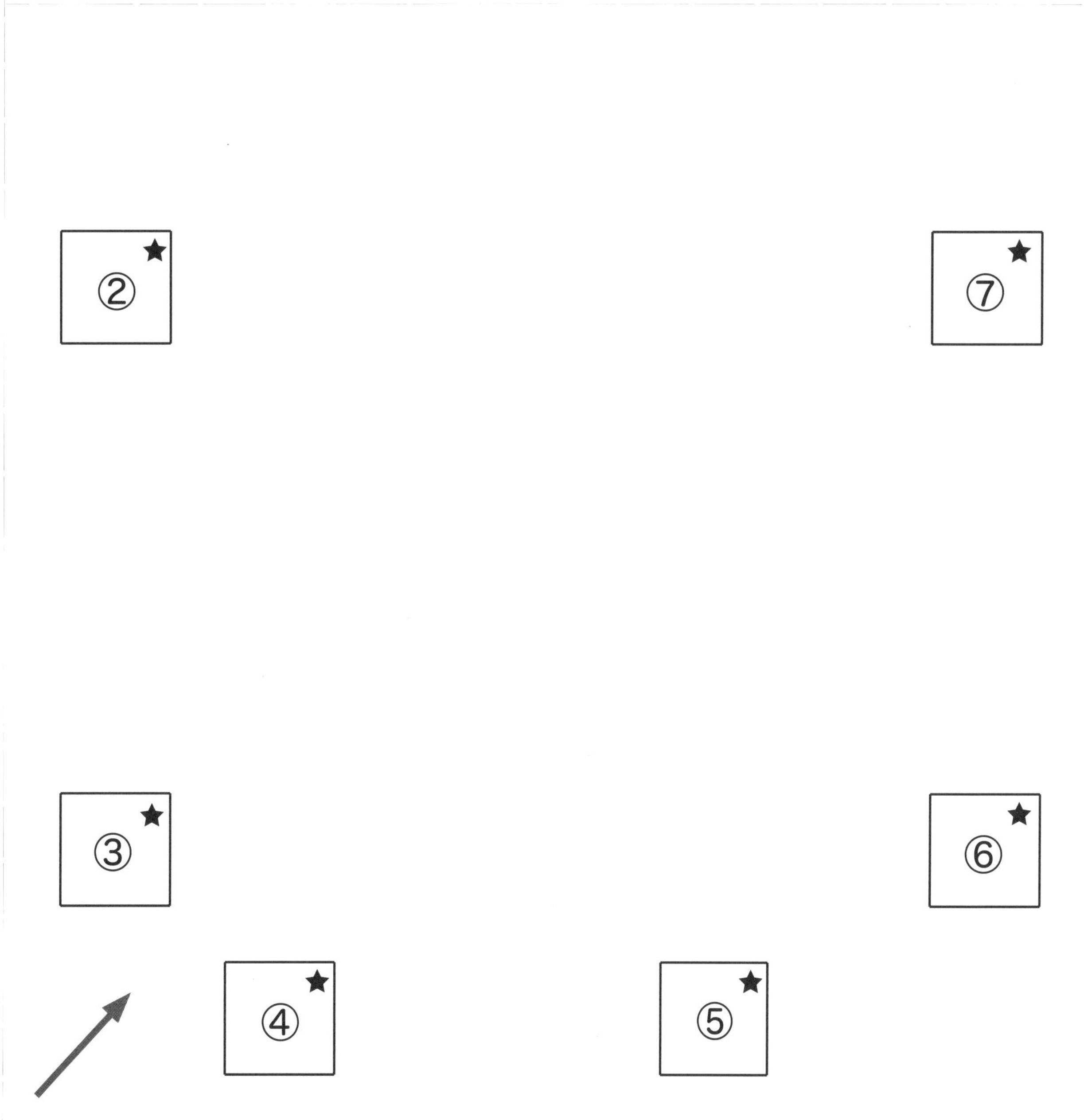

(うら)

たにおり

たにおり

たにおり

たにおり

たにおり

たにおり

たにおり

たにおり

まずはここの線《せん》でページを切《き》りとりましょう。

⑤反重力《はんじゅうりょく》コの字型《じがた》すべり台《だい》

型紙《かたがみ》→ 33～38ページ

作《つく》り方《かた》→ 45ページ

↓ 部品《ぶひん》2(柱《はしら》)

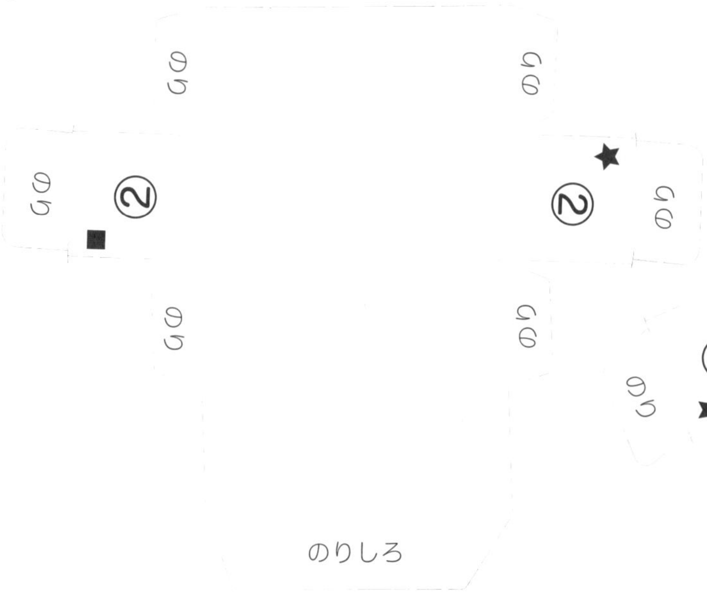

↓ 部品《ぶひん》3(柱《はしら》)

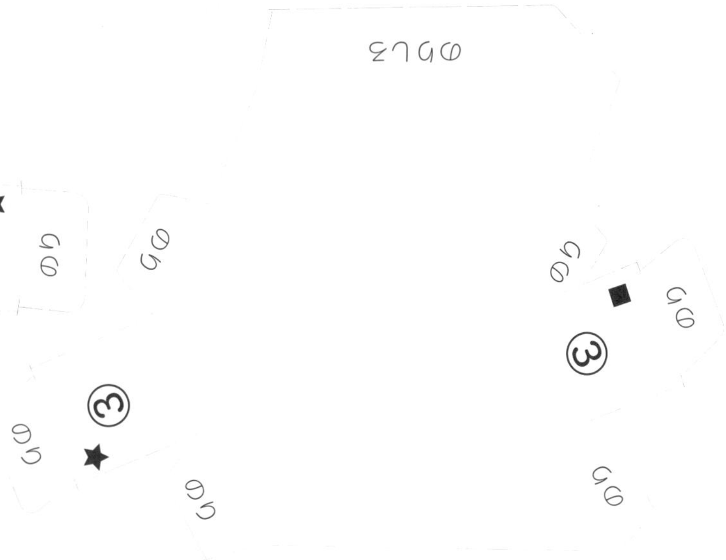

↓ 部品《ぶひん》4(柱《はしら》)

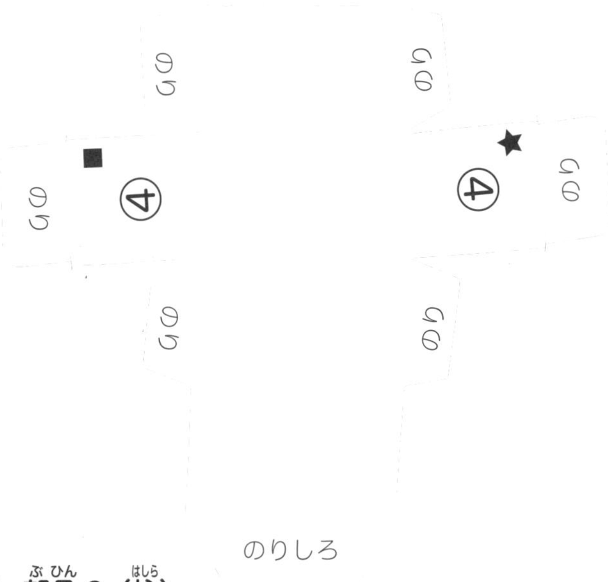

↓ 部品《ぶひん》5(柱《はしら》)

↓ 部品《ぶひん》6(柱《はしら》)

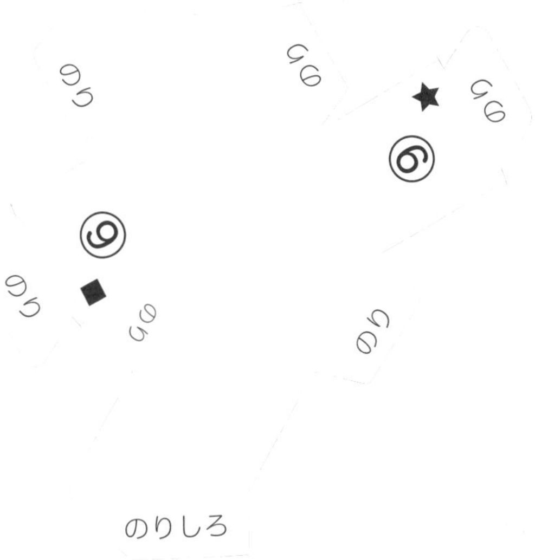

↓ 部品《ぶひん》7(柱《はしら》)

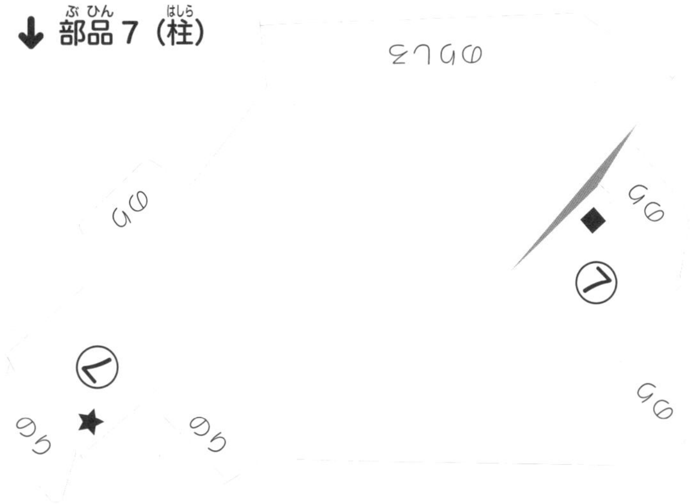

(うら)

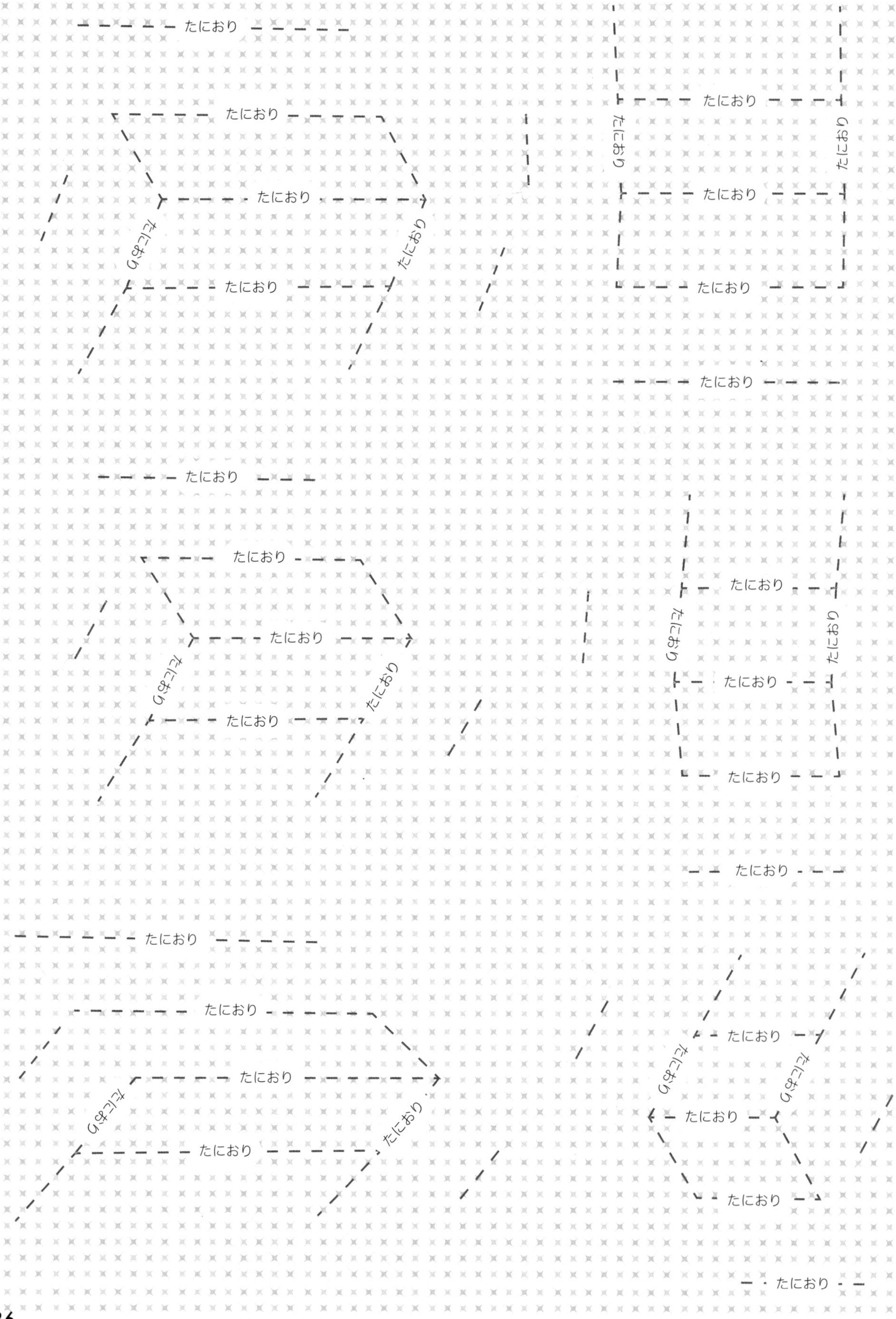
たにおり
たにおり
たにおり
たにおり
たにおり
たにおり
たにおり
たにおり
たにおり
たにおり
たにおり
たにおり
たにおり
たにおり
たにおり
たにおり
たにおり
たにおり
たにおり
たにおり
たにおり
たにおり
たにおり
たにおり
たにおり
たにおり
たにおり
たにおり
たにおり
たにおり
たにおり
たにおり
たにおり
たにおり
たにおり
たにおり

➡ はじめにこの線《せん》でページを切《き》りとりましょう。

⑤反重力《はんじゅうりょく》コの字型《じがた》すべり台《だい》

型紙《かたがみ》 → 33 ～ 38 ページ
作《つく》り方《かた》 → 45 ページ

↓ 部品《ぶひん》8（坂《さか》）

↓ 部品《ぶひん》9（坂《さか》）

↓ 部品《ぶひん》10（坂《さか》）

⑦逆遠近《ぎゃくえんきん》キューブ

型紙《かたがみ》 → 37 ～ 38 ページ
作《つく》り方《かた》 → 47 ページ

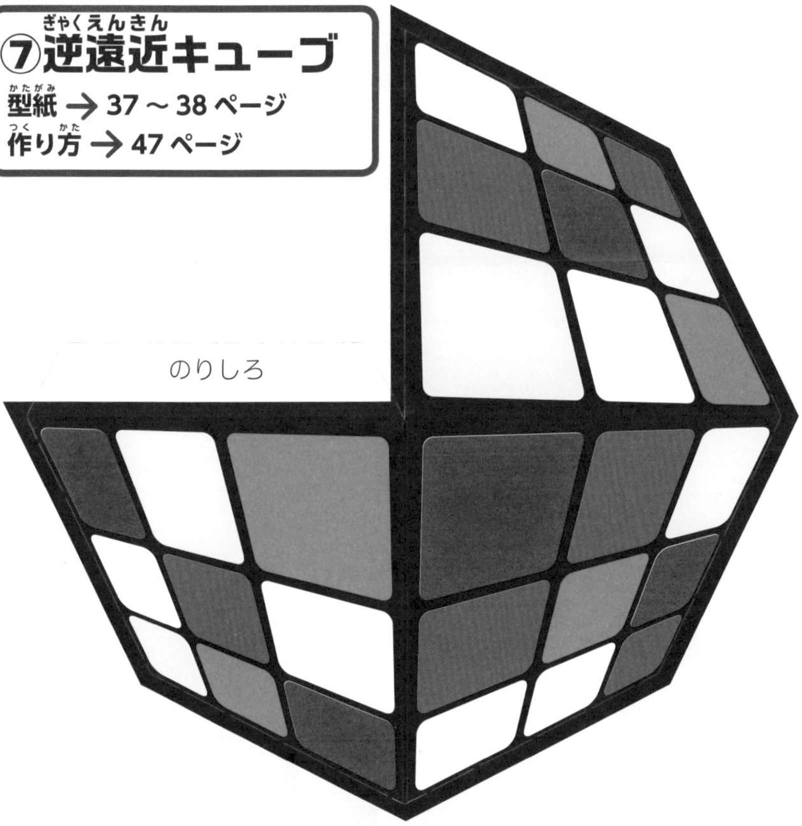

⑥ 3 方向変身立体《ほうこうへんしんりったい》

型紙《かたがみ》 → 37 ～ 38 ページ、49 ページ
作《つく》り方《かた》 → 46 ージ

↓ 旗《はた》

（うら）

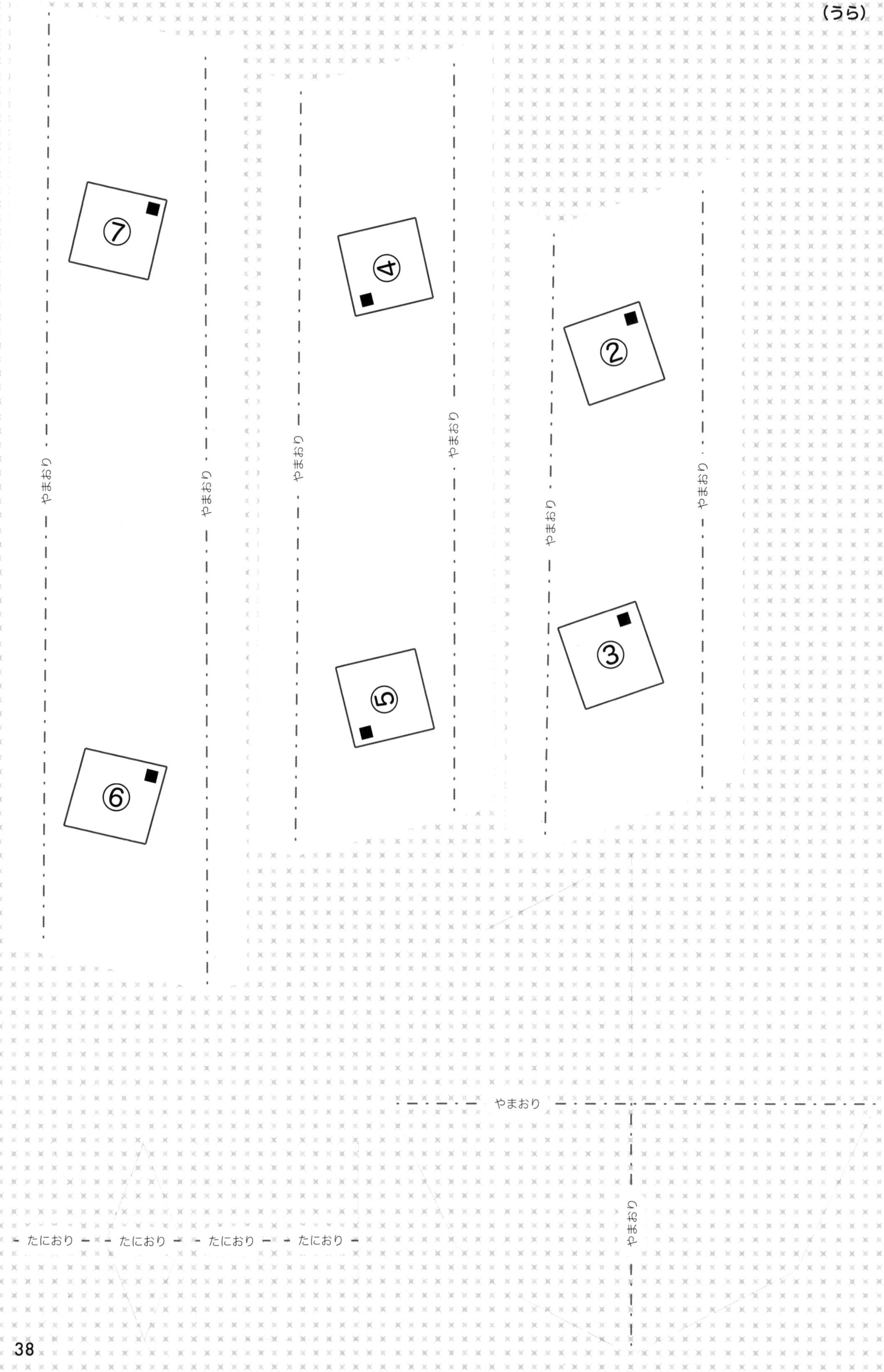
⑦
⑥
④
⑤
②
③
やまおり
やまおり
やまおり
やまおり
やまおり
やまおり
やまおり
たにおり
たにおり
たにおり
たにおり
やまおり

錯覚《さっかく》！立体《りったい》ペーパークラフト
作《つく》り方《かた》と楽《たの》しみ方《かた》の基本《きほん》

作《つく》り方《かた》の基本《きほん》

すべての作品《さくひん》に共通《きょうつう》する、道具《どうぐ》や準備《じゅんび》について見《み》ておきましょう。

用意《ようい》するもの

・のり

液状《えきじょう》の紙用接着剤《かみようせっちゃくざい》や、木工用接着剤《もっこうようせっちゃくざい》がよいでしょう。

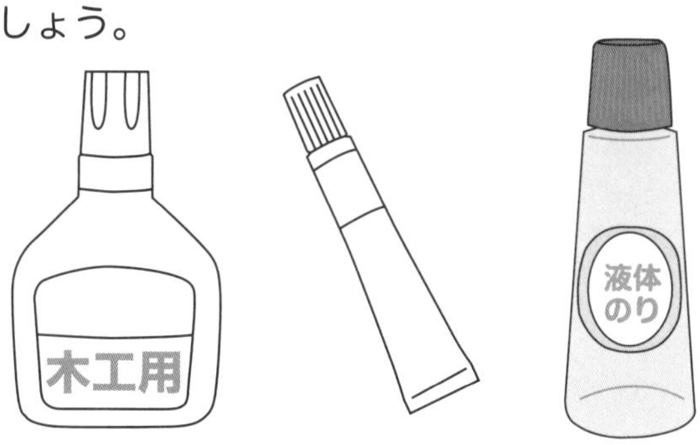

・はさみとカッターナイフ

部品《ぶひん》は手《て》で切《き》りはずせますが、はずれにくいところは、はさみやカッターナイフを使《つか》っていねいに切《き》りとりましょう。

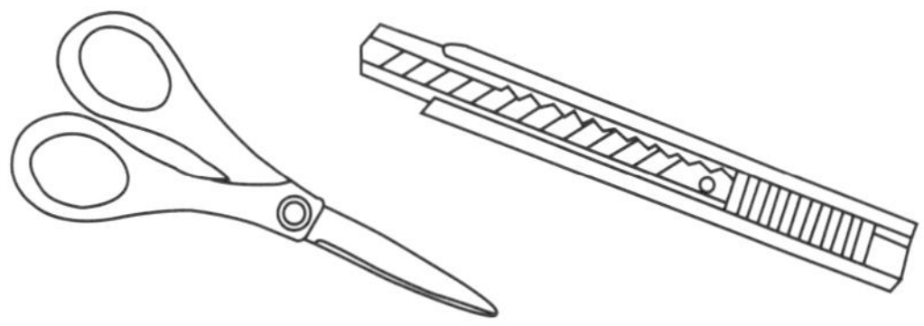

⚠ はさみやカッターナイフを使《つか》うときは、けがをしないように注意《ちゅうい》しましょう。なれていない人《ひと》はおとなといっしょにやりましょう。

・そのほか（一部《いちぶ》の作品《さくひん》で使《つか》うもの）

ビー玉《だま》、鏡《かがみ》、待《ま》ち針《ばり》

部品《ぶひん》を切《き》りとる

・まずはじめに、作《つく》りたい作品《さくひん》のページをミシン線《せん》で切《き》りはなします。

・次《つぎ》に部品《ぶひん》をていねいに切《き》りとります。

・部品《ぶひん》の数《かず》が、作《つく》り方《かた》のページに書《あ》いてある数《かず》と合《あ》っているか確《たし》かめましょう。

紙《かみ》を折《お》る

この本《ほん》では2種類《しゅるい》の記号《きごう》を使《つか》います。

折《お》り線《せん》は型紙《かたがみ》のうらにあります。

・たにおり

折《お》り線《せん》が内側《うちがわ》になるように折《お》ります。

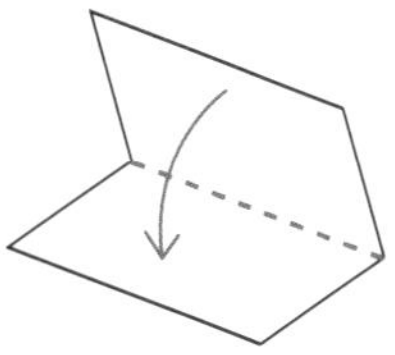

・やまおり

折《お》り線《せん》が外側《そとがわ》になるように折《お》ります。

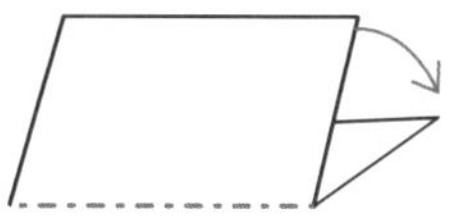

楽《たの》しみ方《かた》の基本《きほん》

錯覚立体《さっかくりったい》を楽《たの》しむために、錯視《さくし》がもっともよくおこる目《め》の位置《いち》をさがす必要《ひつよう》があります。3つのポイントをおさえて正《ただ》しい目《め》の位置《いち》をさがしましょう。

片方《かたほう》の目《め》で見《み》る

錯覚立体《さっかくりったい》を見《み》るときは、片方《かたほう》の目《め》だけで見《み》ましょう。そうすることで、本当《ほんとう》の奥《おく》行《ゆ》きがわかりくくなります。両目《りょうめ》で見《み》ると、左右《さゆう》の見《み》え方《かた》のちがいから、本当《ほんとう》の奥《おく》行《ゆ》きがわかってしまいます。

カメラを通《とお》して見《み》たり、写真《しゃしん》にうつしたりしても、片方《かたほう》の目《め》で見《み》るのと同《おな》じ効果《こうか》があります。

正《ただ》しい距離《きょり》で見《み》る

作品《さくひん》によっては、立体《りったい》からの距離《きょり》が決《き》まっているものがあります。作《つく》り方《かた》のページの「使《つか》い方《かた》」に距離《きょり》がかかれています。その場合《ばあい》の距離《きょり》は、作《さく》品《ひん》と目《め》の間《あいだ》の距離《きょり》をしめしています。ひもなどを指定《してい》の長《なが》さに切《き》って片方《かたほう》のはしを作品《さくひん》の手前《てまえ》にはり、もう片方《かたほう》のはしをのばしたところに目《め》を持《も》っていくとよいでしょう。

錯覚《さっかく》がおこる角度《かくど》をさがす

正《ただ》しい距離《きょり》が決《き》まったら、次《つぎ》は目《め》を上下左右《じょうげさゆう》に動《うご》かして、錯覚《さっかく》がおこる位置《いち》をさがしましょう。見《み》る方向《ほうこう》が矢《や》じるしでかかれている場合《ばあい》は、その方向《ほうこう》から見《み》ます。作《つく》り方《かた》のページの「使《つか》い方《かた》」に見《み》るポイントがかかれていますので参考《さんこう》にしましょう。

① ペンローズの三角形《さんかくけい》

◆工作《こうさく》レベル：★★
◆部品《ぶひん》：19～22ページ　◆部品《ぶひん》の数《かず》：3点《てん》
◆用意《ようい》するもの：のり

作《つく》り方《かた》

1 部品《ぶひん》1～3の折《お》りすじを折《お》り、側面《そくめん》ののりしろをうらにはる。

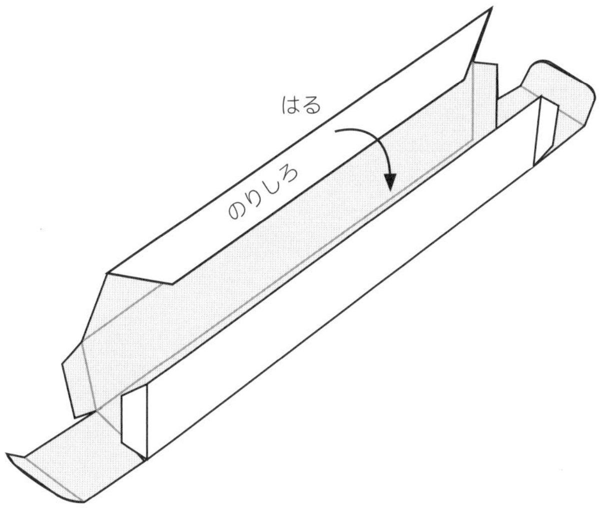

2 両《りょう》はしをさしこんでのりづけし、柱《はしら》の形《かたち》にする。

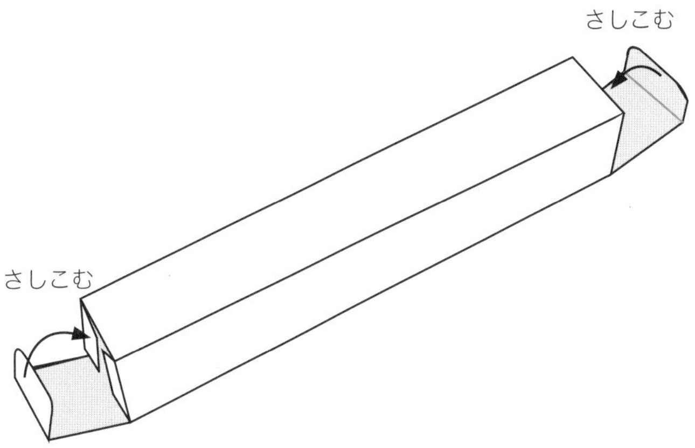

3 3つの部品《ぶひん》を、Aどうし、Bどうしのしるしの向《む》きを合《あ》わせてはる。

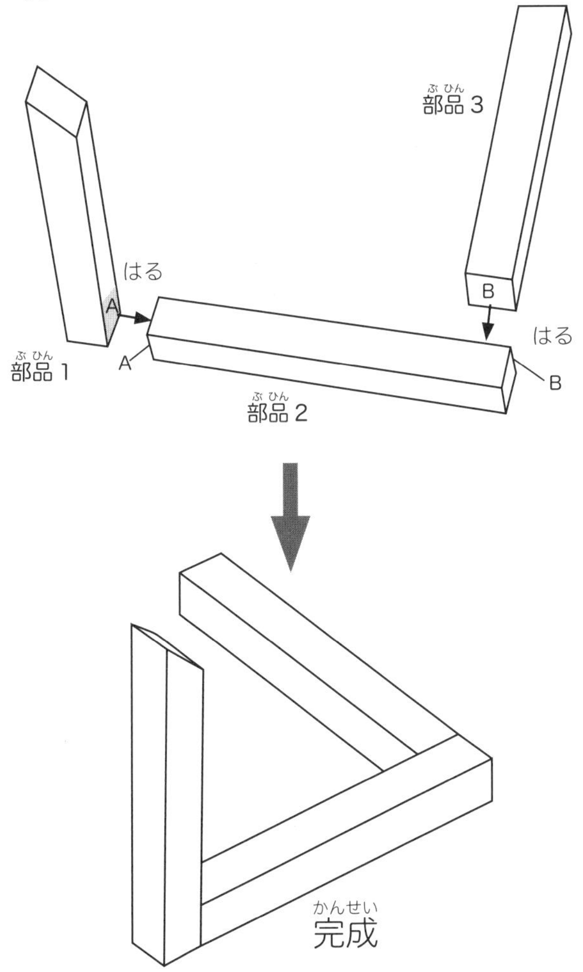

使《つか》い方《かた》

作品《さくひん》を平《たい》らなところに置《お》き、1.3メートルはなれたところから、片方《かたほう》の目《め》で見《み》る。下《した》の図《ず》のように、上《うえ》の角《かど》がつながって見《み》えるように、自分《じぶん》の位置《いち》を調整《ちょうせい》する。

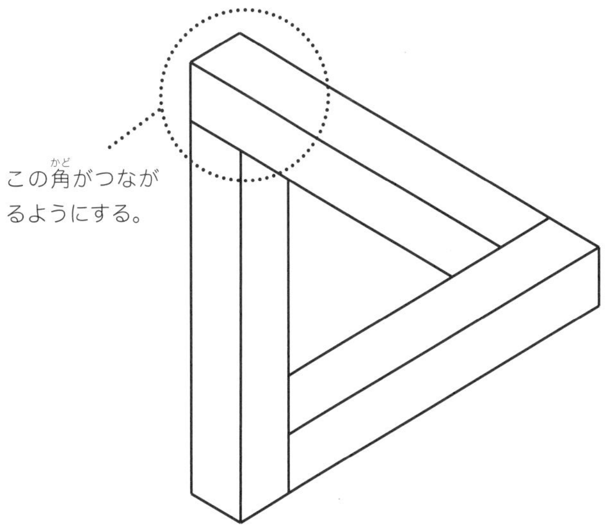

② 角柱《かくちゅう》のニアミス

◆工作《こうさく》レベル：★★
◆部品《ぶひん》：21～24ページ　◆部品《ぶひん》の数《かず》：3点《てん》
◆用意《ようい》するもの：のり、鏡《かがみ》

作《つく》り方《かた》

1 部品《ぶひん》1の折《お》りすじを折《お》り、のりしろをうらにはる。
両《りょう》はしをさしこんでのりづけし、
箱型《はこがた》に組《く》み立《た》てる。

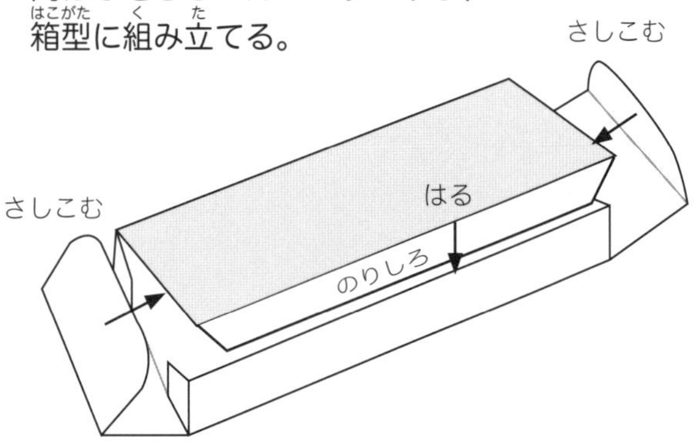

2 部品《ぶひん》2の折《お》り線《せん》を折《お》る。
底《そこ》をかぶせて、同《おな》じ形《かたち》になっているか確認《かくにん》する。
（1か所《しょ》だけ山折《やまお》りがあるので注意《ちゅうい》する。）

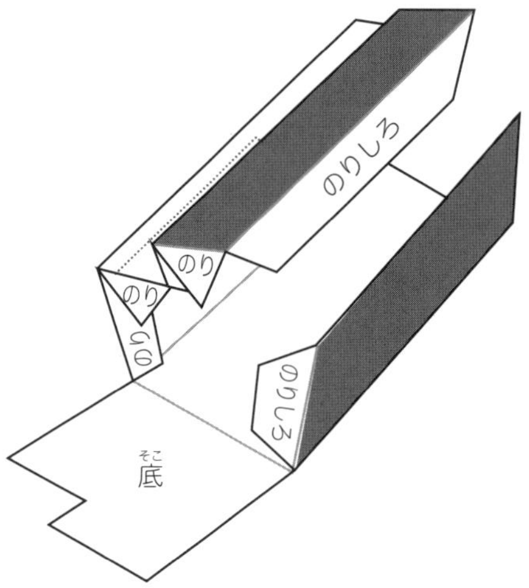

3 まず側面《そくめん》ののりしろをはり、次《つぎ》に底《そこ》をとじてはる。
部品《ぶひん》3も同《おな》じように組《く》み立《た》てる。

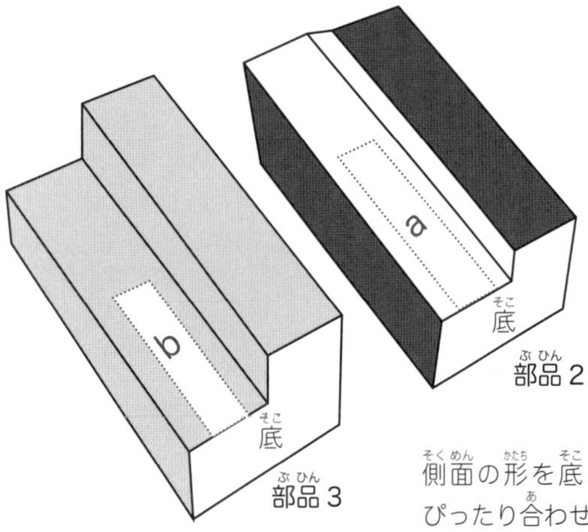

側面《そくめん》の形《かたち》を底《そこ》の形《かたち》に
ぴったり合《あ》わせる。

4 部品《ぶひん》1のaとbののりしろを、部品《ぶひん》2、3の
同《おな》じ記号《きごう》の点線《てんせん》に合《あ》わせてはる。

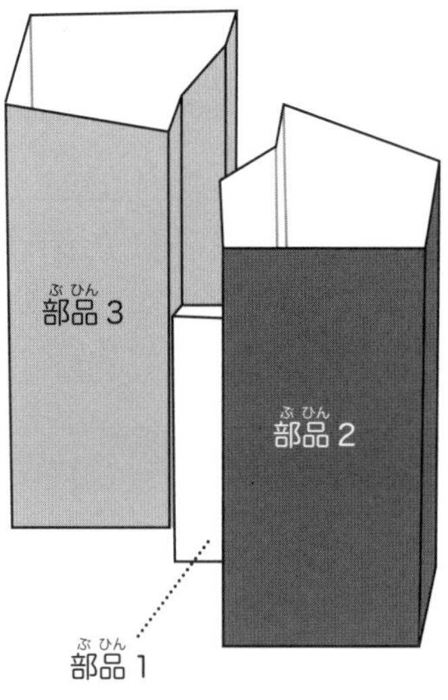

完成《かんせい》

使《つか》い方《かた》

鏡《かがみ》を立《た》て、写真《しゃしん》のように作品《さくひん》を置《お》くと、直接《ちょくせつ》見《み》た形《かたち》と鏡《かがみ》にうつった形《かたち》がちがって見《み》える。

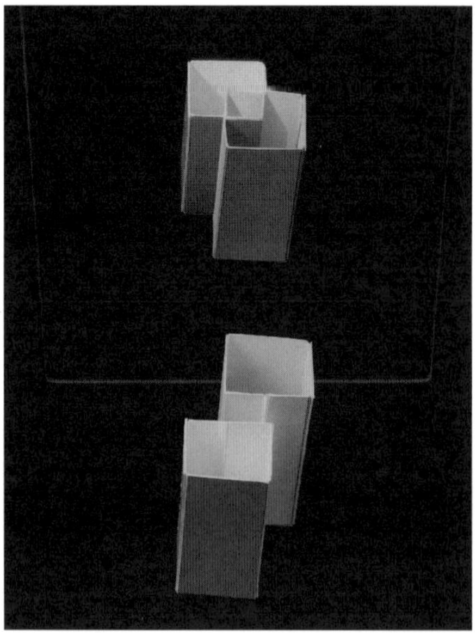

③ 変身立体《へんしんりったい》

◆工作《こうさく》レベル：★
◆部品《ぶひん》：25～26ページ　◆部品《ぶひん》の数《かず》：3点《てん》
◆用意《ようい》するもの：のり、鏡《かがみ》

作《つく》り方《かた》

1 折《お》りすじを折《お》り、白《しろ》い面《めん》を外側《そとがわ》にして、のりしろを外側《そとがわ》にはる。

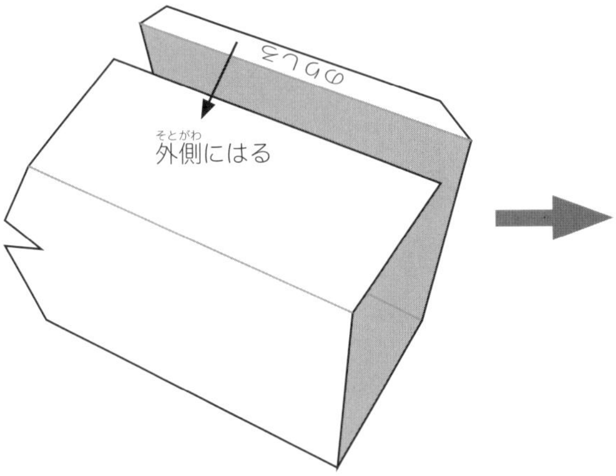

完成《かんせい》　3点《てん》とも、上《うえ》から見《み》た形《かたち》は正方形《せいほうけい》になる。

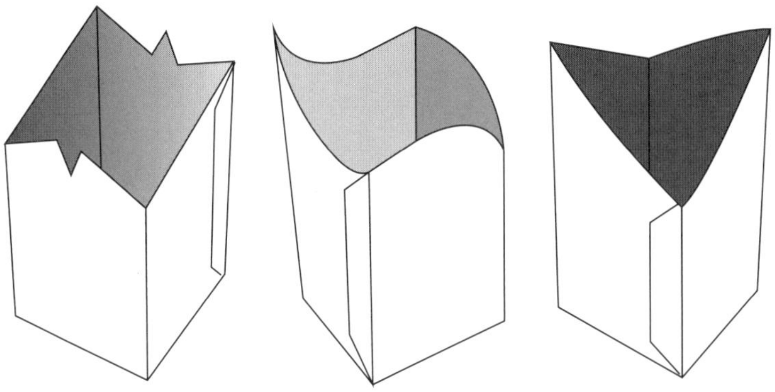

使《つか》い方《かた》

鏡《かがみ》を立《た》て、写真《しゃしん》のように作品《さくひん》を置《お》くと、直接《ちょくせつ》見《み》た形《かたち》と鏡《かがみ》にうつった形《かたち》がちがって見《み》える。

「ちょうとリボン」

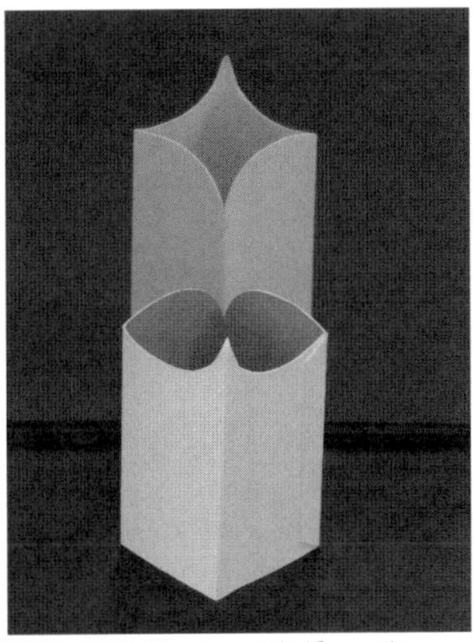

「星《ほし》を見上《みあ》げる双葉《ふたば》の芽《め》」

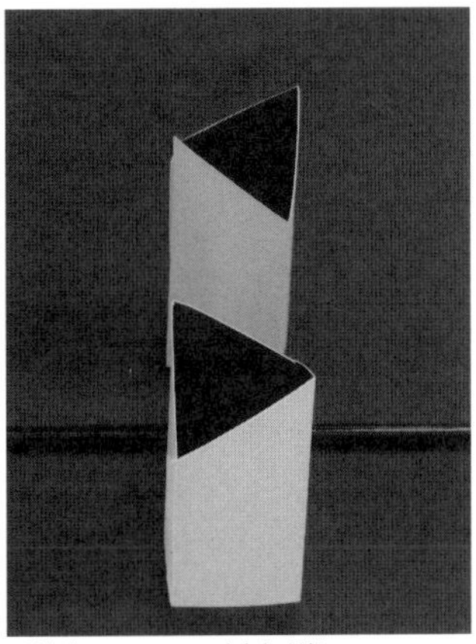

「反対《はんたい》をむく三角形《さんかくけい》」

ポイント！

立体《りったい》の下《した》をかくすと、錯覚《さっかく》がより強《つよ》くなります。

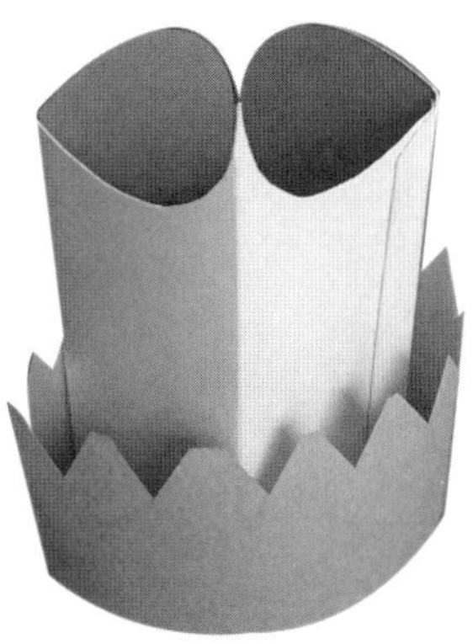

④ 変《へん》な柵《さく》

◆工作《こうさく》レベル：★★★
◆部品《ぶひん》：27〜34ページ　◆部品《ぶひん》の数《かず》：8点《てん》
◆用意《ようい》するもの：のり

作《つく》り方《かた》

1 部品《ぶひん》2〜4の柱《はしら》を組《く》み立《た》てる。
折《お》りすじを折《お》り、のりしろを内側《うちがわ》にはる。
両《りょう》はしのふたをさしこんでのりづけする。

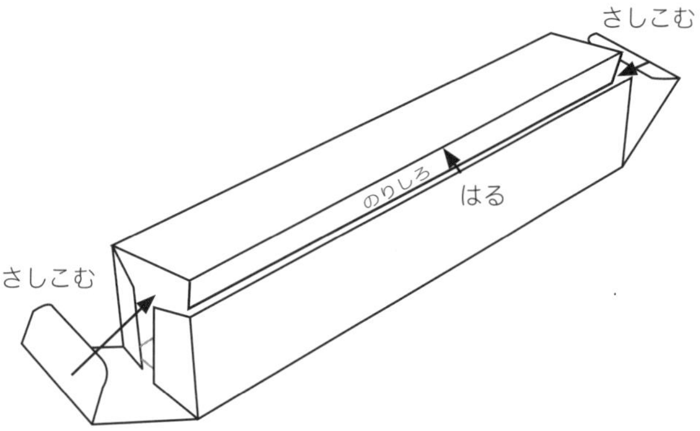

2 1と同《おな》じように、部品《ぶひん》5〜8の横木《よこぎ》を組《く》み立《た》てる。
横木《よこぎ》は断面《だんめん》が平行四辺形《へいこうしへんけい》になるので、側面《そくめん》を指《ゆび》でたおして、ふたの角度《かくど》に合《あ》わせてからふたをさしこむ。

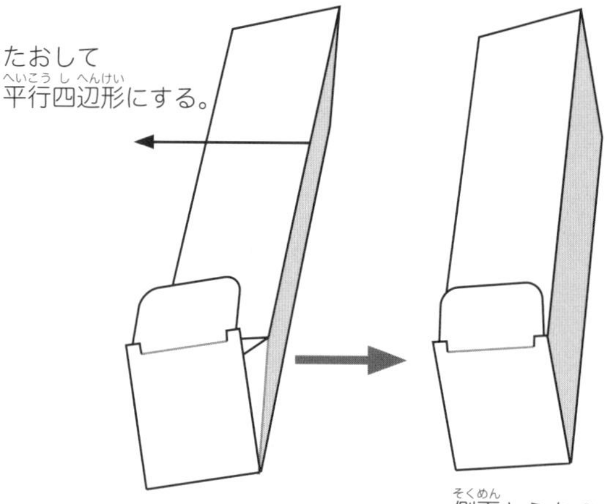

3 部品《ぶひん》を組《く》み合《あ》わせる。
同《おな》じ数字《すうじ》の★どうし、■どうしを、記号《きごう》の位置《いち》を合《あ》わせてのりづけする。
① 部品《ぶひん》2に部品《ぶひん》6と7をとりつける。
② 部品《ぶひん》3に、部品《ぶひん》5と8をとりつける。
③ 部品《ぶひん》4に①と②をとりつける。
④ ③を部品《ぶひん》1の台《だい》にとりつける。

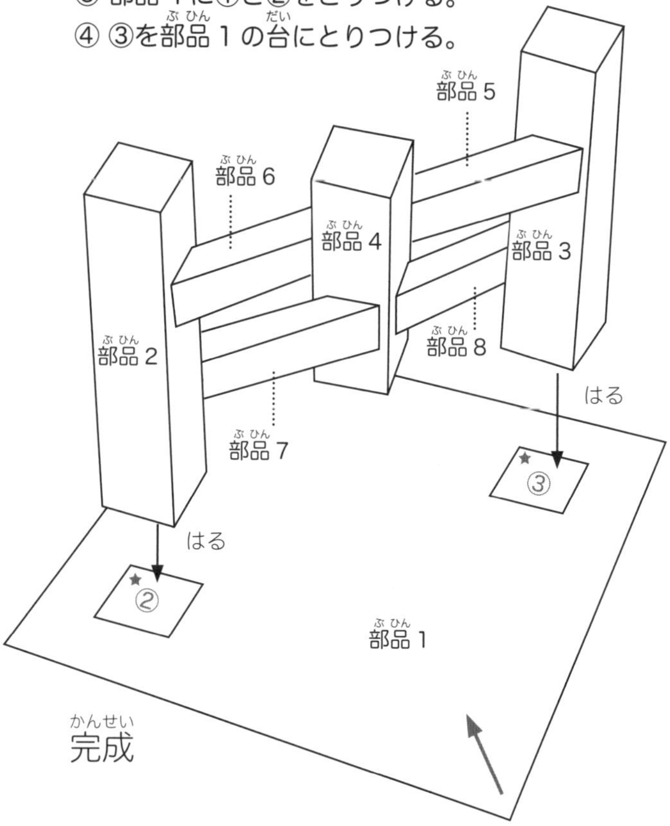

完成《かんせい》

※部品《ぶひん》1の台《だい》を発泡《はっぽう》スチロールや段《だん》ボールの板《いた》にはると形《かたち》がしっかり決《き》まる。

使《つか》い方《かた》

作品《さくひん》を平《たい》らなところに置《お》き、2.2メートルはなれて、台《だい》の矢印《やじるし》の方向《ほうこう》から片方《かたほう》の目《め》で見《み》る。
柱《はしら》をつないでいる横木《よこぎ》が、上《うえ》の2本《ほん》は真《ま》ん中《なか》の柱《はしら》から奥《おく》にのびているのに、下《した》の2本《ほん》は手前《てまえ》にのびているように見《み》える。

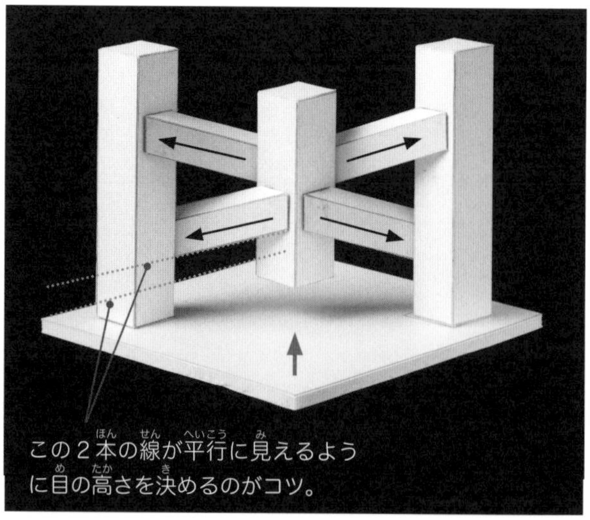

⑤ 反重力《はんじゅうりょく》コの字型《じがた》すべり台《だい》

◆工作《こうさく》レベル：★★★
◆部品《ぶひん》：33～38ページ
◆部品《ぶひん》の数《かず》：10点《てん》
◆用意《ようい》するもの：のり、ビー玉《だま》

作《つく》り方《かた》

1 部品《ぶひん》7の灰色《はいいろ》の部分《ぶぶん》を切《き》りとる。

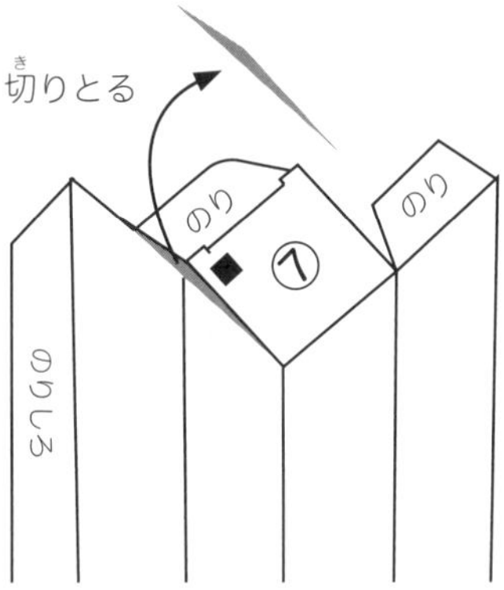

2 **部品《ぶひん》2～7の柱《はしら》を組《く》み立《た》てる。**
折《お》りすじを折《お》って、のりしろを内側《うちがわ》にはり、両《りょう》はしのふたをさしこんでのりづけする。
(部品《ぶひん》3、5、6、7は、44ページの手順《てじゅん》2と同《おな》じように、側面《そくめん》とふたの角度《かくど》を合《あ》わせてからふたをとじる。)

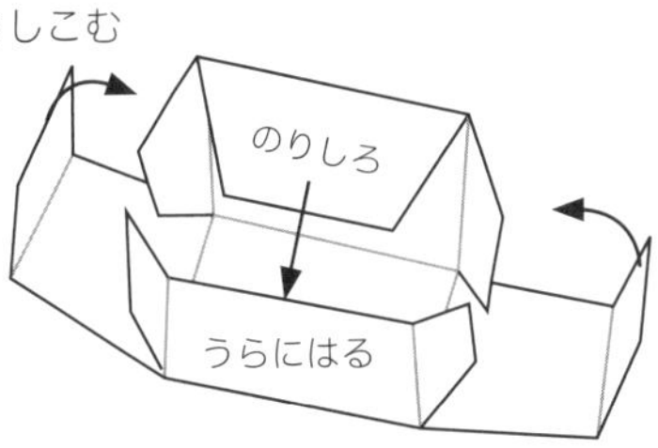

3 **部品《ぶひん》8～10の坂《さか》のうら側《がわ》に柱《はしら》をとりつける。**
部品《ぶひん》8～10の折《お》りすじを折《お》る。一度《いちど》平《たい》らにもどし、柱《はしら》の②～⑦の数字《すうじ》と角《かど》の■の位置《いち》を合《あ》わせてはる。

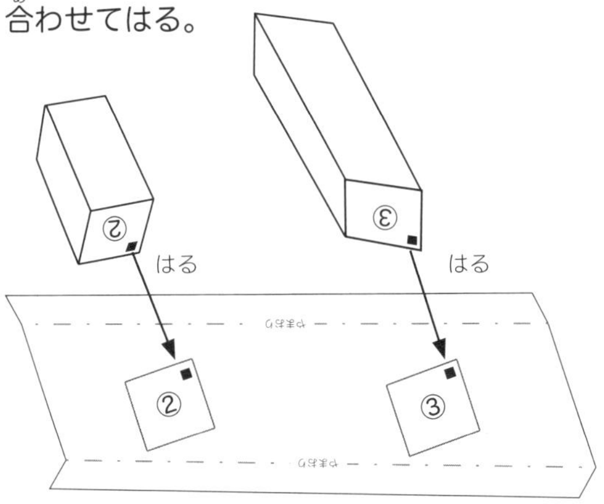

4 **柱《はしら》を台《だい》にとりつける。**
部品《ぶひん》1の台《だい》と柱《はしら》を、②～⑦の数字《すうじ》と角《かど》の★の位置《いち》を合《あ》わせてはる。

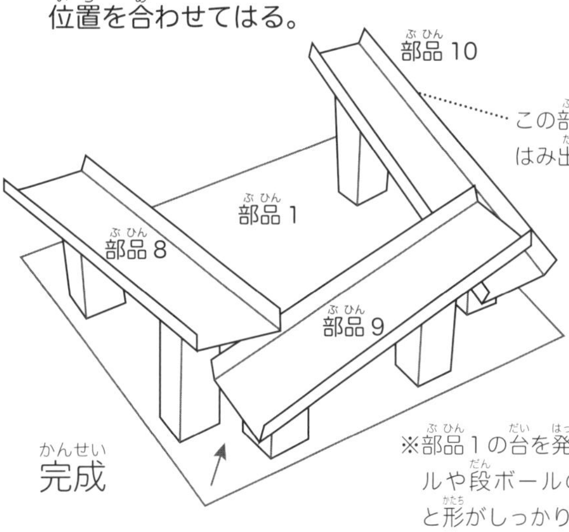

完成《かんせい》

※部品《ぶひん》1の台《だい》を発泡《はっぽう》スチロールや段《だん》ボールの板《いた》にはると形《かたち》がしっかり決《き》まる。

5 3本《ぼん》の坂《さか》を、それぞれ図《ず》のような高《たか》さになるように整《ととの》える。

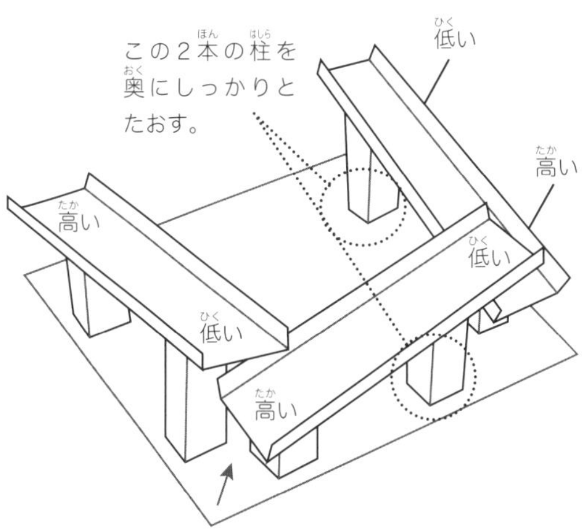

使《つか》い方《かた》

作品《さくひん》を平《たい》らなところに置《お》き、1.7メートルはなれて、台《だい》の矢印《やじるし》の方向《ほうこう》から片方《かたほう》の目《め》で見《み》る。

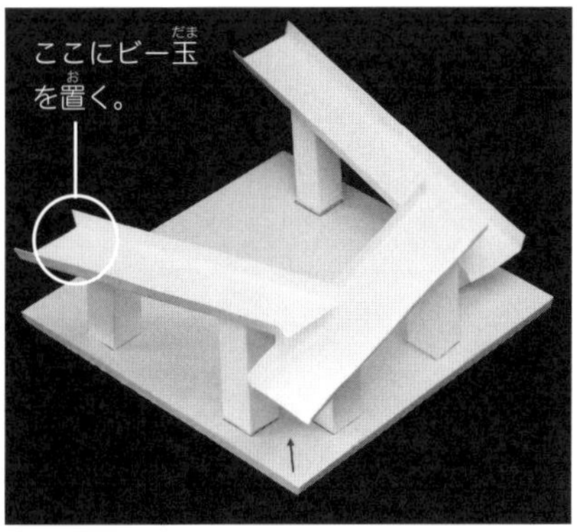

顔《かお》の位置《いち》を動《うご》かして、左《ひだり》の写真《しゃしん》のようにすべての柱《はしら》がまっすぐに立《た》っているように見《み》える位置《いち》をさがす。

位置《いち》が決《き》まったら、左《ひだり》おくの坂《さか》のはしにビー玉《だま》を置《お》く。すると、ビー玉《だま》が転《ころ》がって坂《さか》をのぼるように見《み》える。

⑥ 3方向《ほうこう》変身《へんしん》立体《りったい》

◆工作《こうさく》レベル：★
◆部品《ぶひん》：37～38、49ページ　◆部品《ぶひん》の数《かず》：7点《てん》
◆用意《ようい》するもの：のり、待《ま》ち針《ばり》、鏡《かがみ》2枚《まい》

作《つく》り方《かた》

⚠ 待《ま》ち針《ばり》の先《さき》でけがをしないように注意《ちゅうい》しましょう。

1 49ページの部品《ぶひん》を切《き》りとる。

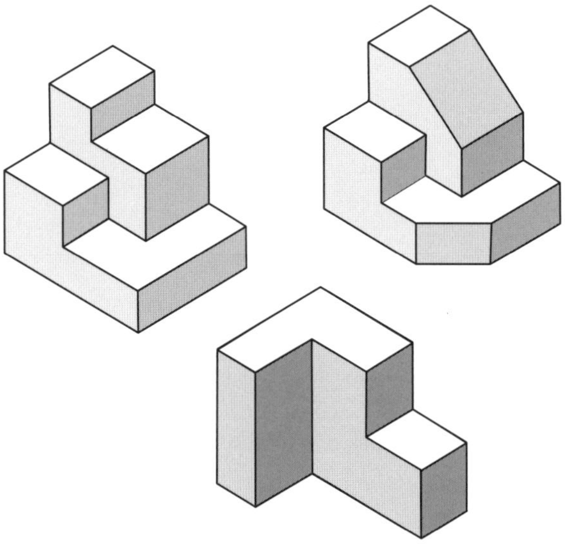

2 **旗《はた》を作《つく》る。**
37ページの旗《はた》の部品《ぶひん》を半分《はんぶん》に折《お》って間《あいだ》にのりをつけ、待《ま》ち針《ばり》をはさんではる。

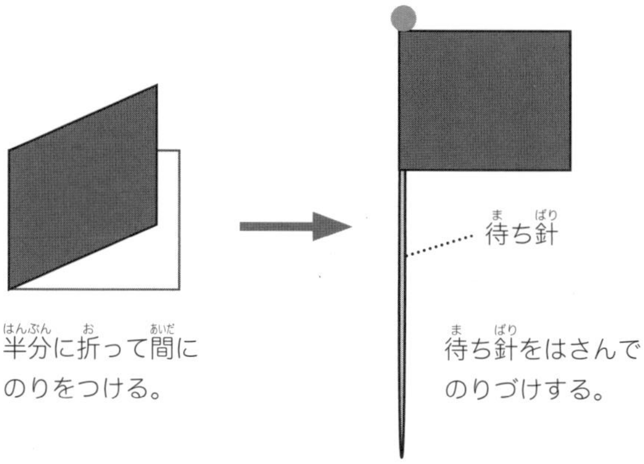

(型紙《かたがみ》は4点《てん》ありますが、全部《ぜんぶ》作《つく》る必要《ひつよう》はありません。好《す》きなものを2本《ほん》くらい作《つく》りましょう。)

使《つか》い方《かた》

2枚《まい》の鏡《かがみ》を角度《かくど》が約《やく》120度《ど》になるように垂直《すいちょく》に立《た》て、合《あ》わせ鏡《かがみ》にする。
部品《ぶひん》の出《で》っぱった頂点《ちょうてん》に旗《はた》を垂直《すいちょく》に立《た》てて、作品《さくひん》を鏡《かがみ》の間《あいだ》に置《お》く。すると、直接見《ちょくせつみ》た形《かたち》と、2枚《まい》の鏡《かがみ》にうつった形《かたち》がすべてちがって見《み》える。

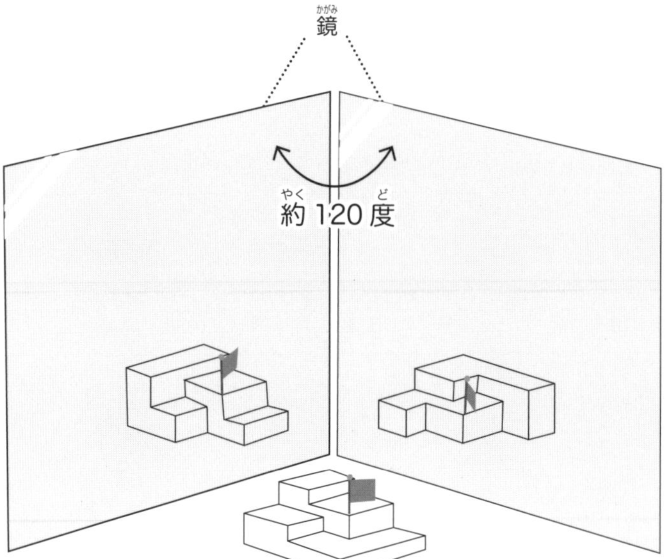

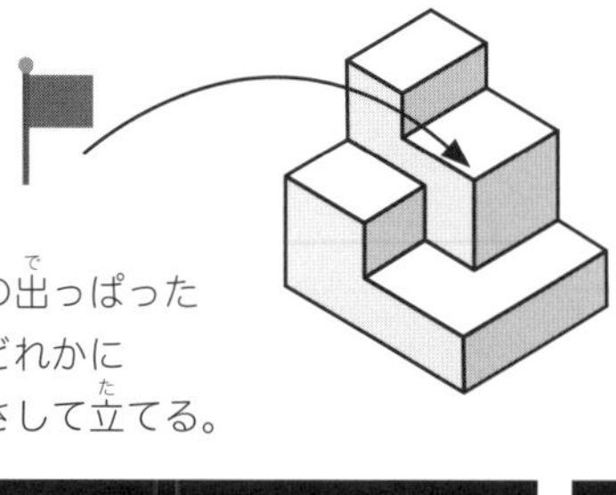

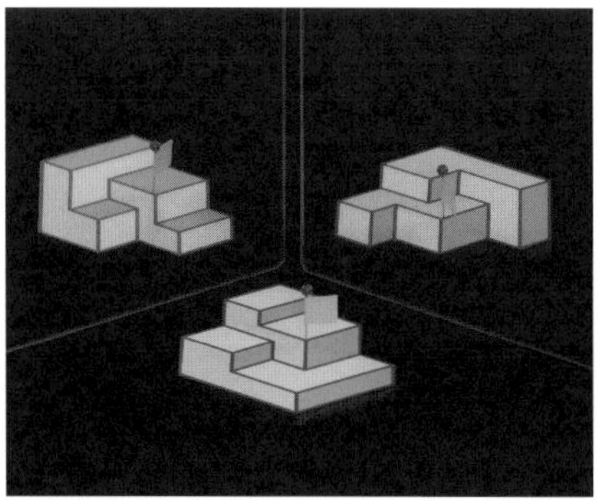

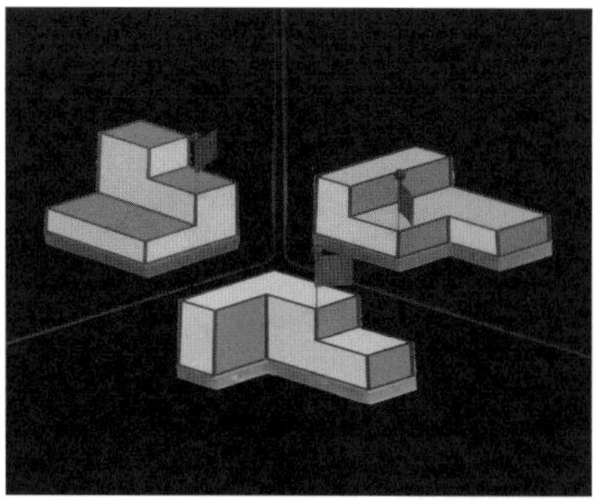

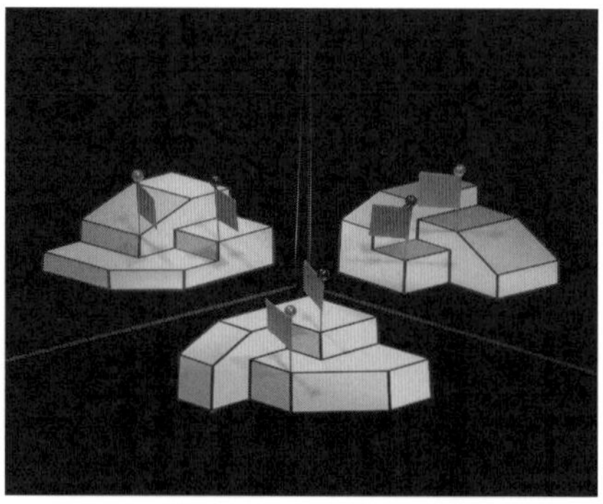

⑦ 逆遠近《ぎゃくえんきん》キューブ

◆工作《こうさく》レベル：★
◆部品《ぶひん》：37～38ページ　◆部品《ぶひん》の数《かず》：1点《てん》
◆用意《ようい》するもの：のり

作《つく》り方《かた》

1 折《お》りすじを折《お》り、のりしろを外側《そとがわ》にはる。

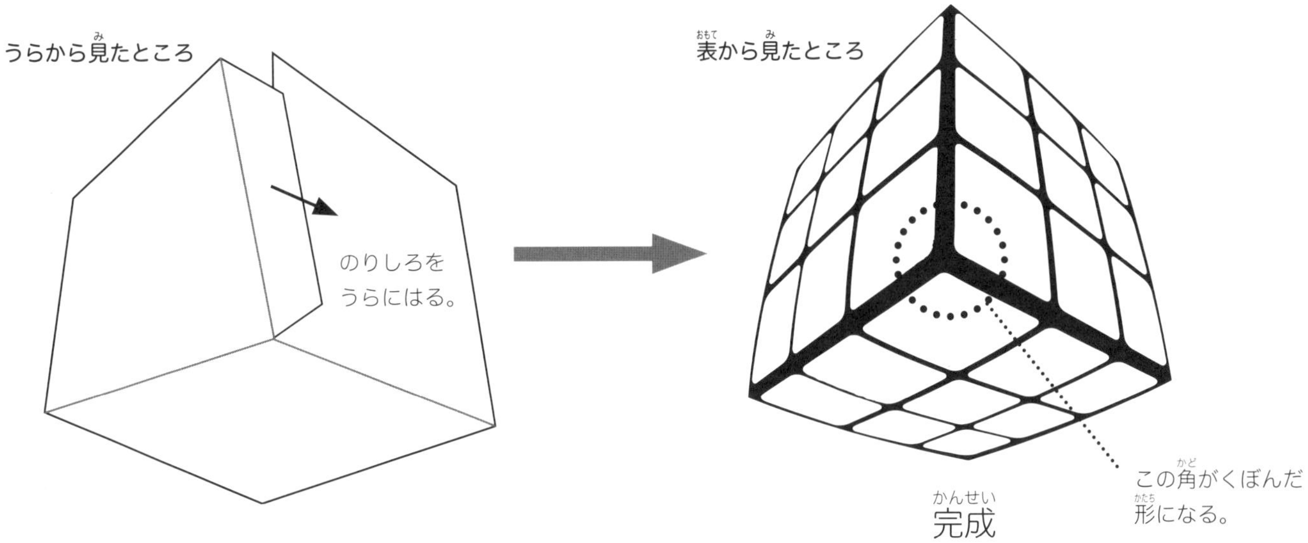

使《つか》い方《かた》

作品《さくひん》を正面《しょうめん》から片方《かたほう》の目《め》で見《み》る。へこんでいる角《かど》が出《で》っぱって見《み》えたら、顔《かお》の位置《いち》を上下左右《じょうげさゆう》に動《うご》かして見《み》る。すると、キューブが思《おも》っているのと反対《はんたい》の方向《ほうこう》に動《うご》いて見《み》える！

杉原厚吉《すぎはらこうきち》（明治大学研究特別教授）

1973年東京大学大学院工学系研究科修士課程修了後、電子技術総合研究所、名古屋大学、東京大学などを経て、2009年に明治大学へ着任し、2019年4月より現職。専門は数理工学。ロボットの目を開発する研究の中で、不可能図形のだまし絵を立体化する手法を見つけ、立体錯視の分野へも研究を広げてきた。さまざまな不可能立体を創作し、立体錯視アーティストとしても活躍している。国際ベスト錯覚コンテスト優勝3回（2010年、2013年、2018年）、準優勝2回（2015年、2016年）。錯視立体作品は、2018年9月より2020年5月までの1年8ヶ月にわたって台湾の国立故宮博物院で特別展示されるなど、多くの科学館・美術館で展示の実績を持つ。

●イラスト
つるおかめぐみ

● 構成・編集
グループ・コロンブス（石井立子）

●写真提供
朝日新聞社

トリックアート図《ず》鑑《かん》
錯覚《さっかく》！立体《りったい》ペーパークラフト

発　行　2020年9月30日　初版

作　杉原厚吉
発行者　岡本光晴
発行所　株式会社あかね書房
〒101-0065　東京都千代田区西神田3-2-1
電話　03-3263-0641（営業）　03-3263-0644（編集）
https://www.akaneshobo.co.jp
印刷・製本　図書印刷株式会社

© Kokichi Sugihara 2020　Printed in Japan
落丁本・乱丁本はおとりかえします。
定価はカバーに表示してあります。
NDC720 50P 31cm
ISBN 978-4-251-09773-6

Trick Art（トリックアート）は、株式会社エス・デーの登録商標です。